教師・SCのための
学校で役立つ
保護者面接のコツ

「話力」をいかした指導・相談・カウンセリング

田村 聡 著（スクールカウンセラー／話力総合研究所）

遠見書房

まえがき

　本書は学校の教職員の方々を主な対象として書いたものです。学校において，先生方は保護者との面談の場があります。そのときに「どのように対応したらよいでしょうか？」というご相談をお受けすることがよくあります。それだけ保護者への対応には神経を使われているということなのでしょう。そのようなご相談について，カウンセラーの視点から提案できることもあります。それらをまとめたものが本書です。また，スクールカウンセラーの職に就かれて日の浅い方々，これから心理職を目指す皆さまにもお役に立てる内容であると思っています。

　カウンセリングの基本は，相談にいらした方（クライエント）のお話をじっくりと聴くことです。カウンセラーに聴く力が問われるのはいうまでもありません。それと同時に，話す力を高めることの重要性を私は日々感じています。カウンセラーが発することばは，クライエントの方々に大きな影響を及ぼします。それだけに，カウンセラーはことばをどのように選び，どのように伝えていくのかを常に考えることが大切です。そしてカウンセラーのことばには，カウンセラー自身の歩んできた人生がさまざまな形で反映されています。

　私は大学卒業後，10年間の公務員生活を経てカウンセラーになりました。32歳の時です。ストレートにカウンセラーになったのではなく，回り道をしました。その後，40歳で大学院に入り，臨床心理学を学ぶ社会人学生として2年間の大学院生活を送りました。大学院での学びがきっかけとなり，教育分野を主なフィールドにしようと決意しました。カウンセリングの仕事をしていて感じるのは，これまでの人生経験が全て生きてくるということです。無駄な経験は何ひとつないとも言えます。

　また，私は20代の頃から話力（話す力・聴く力）を高めるための学びを続けています。あがり症を治したいという思いから，23歳の時に話力総

合研究所（当時：話力研究所）の門をたたき，永崎一則所長から話力の指導を受ける機会に恵まれました。そして，学校および教育相談機関にてカウンセリングの依頼を受ける中で，学んだことを生かす努力を日々重ねています。実践の中で，難しいと感じることがよくあります。それらを一度整理して，ポイントをまとめてみたいと考えていました。数年かけて，ようやく形にすることができ，自分自身の仕事をふり返るきっかけにもなりました。

　本書には，ごく当たり前と思われることもあえて書いてあります。基本をおろそかにすると面接が成り立たなくなる場面もあるからです。常に基本に立ち返り，自らのカウンセリングを見直すように心がけたいものです。また，本書には随所にコラムが入っています。その中で，私自身が悩んだ体験もお伝えしています。著者のバックグラウンドとしてお読みいただければ幸いです。

　最後になりましたが，出版の機会を与えてくださった遠見書房の山内俊介さん，駒形大介さんには大変お世話になりました。誠にありがとうございます。厚くお礼申しあげます。原稿をまとめるにあたり，先述した永崎一則先生，一般社団法人話力総合研究所の秋田義一理事長から貴重なご助言をいただきました。深く感謝いたします。

　本書が学校での保護者面接に少しでもお役に立てばと心から願っています。

令和2年7月

田村　聡

目　次

教師・SC のための 学校で役立つ保護者面接のコツ

「話力」をいかした指導・相談・カウンセリング

面接が始まるまで

スクールカウンセラーの視点から

┃ Ⅰ．はじめに

　学校では，先生やスクールカウンセラー（以下，SCと記す）が保護者との面接を行う機会が数多くあります。保護者面接は，学校の大切な仕事のひとつといえます。教育活動を円滑に進めるうえでは，保護者とよい関係を築くことが欠かせません。保護者の協力が得られることにより，子どもは快適に学校生活を送ることができます。

　ところが，「保護者面接は難しい」「保護者と話すのは緊張してしまう」という声をよく耳にします。確かにそれはうなずける面もあります。保護者の話を聴き，そのつど臨機応変に対応しなければならないからです。しかし，人間の心理を考えたときに誰もが共通して持っている要素というものがあります。それを頭に置くと，より一層効果的な保護者面接を行うことも可能です。

　本書では，学校における効果的な保護者面接について考えます。心理学の視点と私が学んできた話力理論を組み合わせ，できるかぎり具体的に述べていきます。保護者面接を行う際のヒントを得ていただけたらと願っています。

　私は現在，公立小学校・中学校のSCとして勤めています。これまで勤務した学校は，小学校6校・中学校8校の計14校です。そこで，これから述べていくことは私がこれまでの現場で学び，身につけてきたものが中心となります。したがって，本書でいう「学校」とは，主に公立小学校・中学校を想定したものとご理解ください。

　私がSCとして初めて学校に勤務したのは2005年，41歳の時でした。とても新鮮な気持ちで学校に向かったことを今でも覚えています。その反面，心理職として一人で学校に勤務する不安があったのも事実です。そのような中で「困っている方々が少しでも相談しやすい場を作っていきたい」ということを心がけていました。そのためにはできるかぎり敷居を低くし，SCや相談室を特別な存在でなくすための工夫を重ねていかなければなりません。用事で学校に来た際にふらりと立ち寄って話せる……そのような相談室を作っていくことが私の目標です。

　さて，学校における保護者面接には，さまざまなものがあります。最初に，本書で述べていく保護者面接とはどのようなものかについて総論的なお話をします。そして，学校における相談室およびSCの役割について述べたあとに，保護者が面接に至るまでの過程，初回面接の導入場面でのポイントをお伝えします。面接のイントロダクションとしてとらえていただけたらと思います。主にSCの視点に立った内容ですが，保護者面接において先生方に活用していただけるヒントもたくさんあります。教員，カウンセラーという職種の違いはあるとしても，保護者に接するときの姿勢に大きな相違点はないはずです。

■ II．学校における保護者面接

　ひとことで保護者面接といっても，さまざまなスタイルがあります。SCおよび学校の先生が行う保護者面接の例として，下記のものが挙げられます。まず，それらを概観します。

・SCが行う保護者面接
　①あらかじめ日時を決めて行うもの（予約を受けたうえで行う面接）
　②時間が空いているときに行う予約外のもの

　実際には，保護者が予約をとって相談室に来室される①のケースがほとんどです。ときには，相談室が空いているときに「今，いいですか？」と

保護者が訪ねて来られることもあります。担任の先生との面談でSCを紹介され，その足で相談室に来たという方もいました。SCはできるかぎり柔軟に対応しています。

・学校の先生が行う保護者面接
　　①学期の節目などに行う定期的なもの
　　②家庭訪問
　　③保護者からの依頼により行うもの
　　④学校からの依頼により行うもの

　①は学期末などに先生・保護者・子どもが三者で行う面接（面談）です。学校生活の様子，成績や進路などが主な話題となります。

　②は年度のはじめなどにごあいさつも兼ねて先生が各家庭を訪問するものです。この他に，不定期な家庭訪問もあります。

　①と②については，SCが関わる場面はほとんどないと言ってよいでしょう。③と④については，状況によってはSCが同席したり，SCが面接を行うこともあります。

　③は，保護者から学校に伝えたいことがある場合（たとえば，子どもが病院で受診した際の報告，宿泊行事における配慮事項，次年度のクラスへの希望など），または学校への要望やクレームがある場合などが考えられます。先生の指導方法に関する相談の場合，先生には話しづらいため，「まずはSCのところに行ってみようと思いました」といってSCのところに来られたケースがこれまでにいくつかありました。そのようなときは，保護者の気持ちを支えつつ，どのようにすれば保護者の思いを伝えやすいかを一緒に考えます。たとえば，保護者から管理職の先生に相談するのもひとつの方法であることなどを助言します。SCが保護者の代わりになって学校に伝えるのではなく，保護者が直接話せるように援助していく立場を私はとっています。なぜなら，SCはメッセンジャー（伝達者）ではないからです。SCが代わりに伝えるという直接的な援助をすると，保護者はとても助かります。しかし，そのつどそのような援助を行うことにより，「何かあ

ったら SC に伝えてもらえばいい」という依存心が保護者の心の中に生まれるかもしれません。すると，SC がいないと問題解決ができなくなってしまいます。それは，保護者にとって決してプラスにはなりません。ですから，SC は間接的な援助に徹したほうがよいのです。「誰に，何を，どのように話すのか」を保護者とともに考えていきます。そして，保護者が自ら動けるためのサポートをします。

④は，逆に学校から保護者に伝えたいことがある場合に行われる面接です。日ごろの子どもの様子について保護者に知っておいていただきたいことがあるときなどに行います。このような面接を保護者・先生・SC の三者で行うこともあります。子どもの様子は，担任の先生がもっともよく把握されています。そこで，先生から学校での様子について話していただき，その話をもとに子どもへの対応について三者で話し合うという面接です。

また，学校で行う保護者面接は相談室や教室の他，応接室や校長室などが使われます。SC は，学校の勤務日であれば終日面接を行っています。先生の場合は，子どもが下校した放課後に面接を行うことが多いようです。あるいは，授業の空き時間なども活用されています。

SC と学校の先生が行う保護者面接の違いについては，明確な線引きが難しい面もあります。SC は心理学を専門に学び，面接を実践するための訓練を積み重ねたうえで現場に出ています。心理学的な側面からの援助が中心になります。一方，学校の先生の場合は，教育という視点からの面接が多くなるといえるでしょう。それぞれの専門性を生かした面接が保護者にとってのよりよい支援につながっていくのです。先に述べた保護者・先生・SC の三者で行う面接などのように，上手に連携を図ることも大切なポイントです。

〈この節のまとめ〉
本書では公立小学校・中学校を想定して論点を展開していきます。学校
の先生およびSCが行う保護者面接にはさまざまなものがあります。双方
の専門性を生かし，上手に連携を図ることが保護者へのよりよい支援に
つながります。

Ⅲ．学校における相談室およびスクールカウンセラーの役割

　1995（平成7）年度に文部科学省（当時：文部省）が「スクールカウン
セラー活用調査研究委託事業」を創設し，公立小・中学校へのスクールカ
ウンセラー派遣がスタートしました。現在，私が勤務する自治体において
は全ての公立小・中学校にスクールカウンセラー（SC）が配置され，日々
相談業務にあたっています。

　各学校には相談室が設置され，そこがSCの仕事場となっています。相談
室で児童・生徒および保護者の面接を行うことがSCの主な仕事です。SC
の勤務日以外は相談室が空いているため，学校の先生方も相談室で保護者
面接を行うことがあります。応接セットが用意されている相談室も多く，
保護者面接に適した空間といえます。この他にも，SCは教職員との情報交
換や授業見学を行ったり，面接が入っていない休み時間や放課後は，児童
や生徒が自由に来室できるように対応をします。さらに，依頼されたケー
ス会議に出席する，校内研修会の講師を務めるなど，SCの業務は多岐にわ
たっています。教職員とは異なる「心理の専門職」として，学校生活全体
をサポートしています。学校にとってSCは外部の人間ではあるものの，勤
務する日は学校の職員として動くことが期待されます。また，SCにもその
ような意識が求められています。「チーム学校」ということばが使われるよ
うになりました。SCもチームの一員であるという気持ちで日々の業務にあ
たる必要があります。

　SCとして勤務するにあたって忘れてはならないのは，"自分が担当する

学校をよく知る"ということです。学校の規模や学校組織はもちろんのこと，学校の経営方針や職員室の様子，通っている児童や生徒の姿など，数え上げればきりがありません。また，学校をとりまく地域性なども学校を理解する上では欠かせないポイントです。たとえば，住んでいる人が少ない地域の場合，何かあったときに噂として伝わりやすい特性をもっていることがあります。それが面接のしづらさにつながるようなケースもあります。

　以前，ある保護者が私の勤務している公立相談所にやって来ました。最初の面接で「車で 50 分かかりました」とおっしゃっていました。それならば学校の相談室のほうが近いのではないかと思い，そのことを保護者にお伝えしました。すると「ここで結構です。あえて離れた場所を選びました」と言われました。この保護者が生活されている地域は閉鎖的な面があり，学校の相談室に出入りしているところを誰かに見られると「あそこの家では何かあったらしい」という噂になってしまうとのことでした。そのため，知っている人に会う可能性が低い場所のほうがよかったと話されていました。このケースのように，身近な場所である相談室が面接に適しているかというと，決してそうとも言い切れないことがあります。これもひとつの地域性です。このようなことも含め，学校の全体像をつかむことで，初めて SC としてできる支援を考えることが可能となります。広い視点で保護者の相談を受けることがポイントです。

　その点，学校の先生には家庭訪問という貴重な機会があります。定期的な家庭訪問については，狭い地域であっても噂になることはほとんどないでしょう。保護者がそのような場でしか話せないことがあるかもしれません。家庭訪問は"ここだけの話"ができる絶好のチャンスになるかもしれません。ぜひ有効に活用されることをおすすめします。

　また，学校全体をしっかり把握していないと，適切な助言が難しいケースもあります。たとえば，担任の先生との関係で相談に来られた保護者の面接において，SC がその先生の人柄や考え方などを理解していないと具体的な対応策を考えることができません。SC の利点は，学校全体を知っているので，通り一遍ではない踏み込んだ助言ができることです。この点は学

校の相談室で保護者面接を行うメリットといえます。

> 〈この節のまとめ〉
> 担当する学校を幅広い視点から把握することが，具体的な支援につながります。地域性を含め，学校全体をつかむことが保護者面接のスタートラインになります。

IV．保護者が面接につながるまでのプロセス

　学校の相談室に保護者が来室されるきっかけには，いくつかあります。一つ目は，保護者が自ら面接の予約をとり，相談室に足を運ばれるケースです。予約の電話が入ったときには，ウェルカムの精神で対応します。自ら面接の予約をされる方の場合は来室への動機が明確であり，面接へのニーズも高い傾向があります。しかし，中には子どもが問題を起こし，切羽詰まった気持ちで予約せざるをえないケースがあることも忘れてはなりません。以前，ある保護者面接をで「とうとうここ（相談室）に来なければならなくなったのかと思いました」ということばを耳にしたことがあります。子どもが校内で友人のクワガタを盗ってしまい，そのことが面接のきっかけとなったといういきさつがありました。「できれば来たくなかった」という保護者の心境が伝わってくるような思いがしました。このように，自主的な予約の全てが積極的な動機ではありません。消極的な動機による面接もあります。そこで，予約をお受けするときの保護者の話し方（話しぶり，声のトーンなど）から伝わってくる雰囲気を敏感にキャッチするように心がけます。それによって，どのように対応すればよいのかを考えることもできるのです。面接でお会いする前のファーストインプレッション（第一印象）は大切です。

　二つ目は，担任の先生からの紹介などにより，相談室につながるケースです。学校が必要性を感じ「一度，カウンセラーと話をされたらいかがで

すか？」というおすすめのもとに予約が入るパターンがあります。そのことにより保護者の自発意思が高まる場合もあるのですが，残念ながらそればかりではありません。「担任の先生から言われたから，とりあえず来ました」ということばから始まった保護者面接も私は数多く経験してきました。つまり，面接へのニーズが低く「しかたなく相談室に来た」と感じられるケースです。そのような面接は大変難しいものです。家庭での子どもの様子をおききしても「家では普通に過ごしています」と言われることが非常に多く，保護者の問題意識があまり感じられません。"普通"というのは保護者の主観です。学校側がとらえている子どもの姿との間に認識のずれが生じていることがしばしばあります。家の中で見慣れると違和感が薄れ，子どもの姿が普通に映りやすいものです。そこを頭に置かないと，面接が平行線のまますれ違ってしまいます。そのようなときにどう対応すればよいのかは，後ほど取りあげます。このようなケースではできれば一回限り，しかも短時間で終わらせたいという雰囲気が保護者から伝わってくることがあります。継続相談を無理に提案しないほうがよいと思われるケースも中にはあります。そのような場合は，「まずは相談室や SC を知ってもらう」というガイダンス的な形で終わったとしても，面接の意味は十分にあります。

　三つ目は，子どもの面接を行っていく中で経過を報告する必要が生じて保護者に面接をお願いする場合です。具体的には，子どもの生命に関わるようなケースなどです。子どもが自傷行為をしていた，あるいは自殺願望があるという話が出てきたときには，面接者としては見過ごすことができません。自傷他害の恐れがあるときは守秘義務の枠をこえて対応します。子どもを守らなければならないからです。その際は，保護者に話す必要があることを子どもに伝えます。本人がそれを嫌がる可能性もあります。そのようなときは，保護者に伝わることがなぜ嫌なのか，伝わったらどうなりそうかという点を子どもに尋ねるとよいでしょう。そのうえで，この話を保護者に伝えても困る状況にはならないことを約束します。子どもの不安を少しでも取り除き，面接者との関係が崩れないような努力をします。ここは面接者の腕の見せどころです。また，自傷行為や自殺願望に限らず，

保護者に知ってもらったほうがよい話もあります。たとえば「学校でいやがらせやいじめを受けている」「SNSで見知らぬ相手と頻繁にやりとりをしている」「ゲームに課金してしまい, エスカレートしている」という話などが挙げられます。これらは, そのままにしておくと事態がますます悪化する危険性があります。子どもは判断力や行動力が十分ではありません。どうしたらよいのか, 子どもがわからなくなっているかもしれません。早い段階で何らかの対応をしなければならない話が出てきたときには, 面接者は保護者に知らせる必要があります。その際は, 保護者面接をすることを子どもに伝え, 話してもよい部分とそうでない部分をあらかじめ確認します。そのうえで面接の日程を決めるために保護者に連絡するのですが, 中には子どもが相談室で面接を行っていることを保護者が知らないというケースもあります。そのようなときは, 突然面接者が保護者に連絡すると驚かれてしまう可能性があります。面接者から電話が入ることを事前に子ども本人から保護者に伝えておいてもらうとスムーズにいくでしょう。事前にどのように保護者に伝えるかということを子どもと相談し, 確実に子どもから保護者に伝わったことが確認できてから面接者が連絡を入れると安全です。

　このように, 保護者面接につながる過程にはさまざまなパターンがあります。ここに挙げたものが全てではありませんが, 面接者はどのようないきさつで面接予約に至ったのかを頭におくことが重要です。来室までのいきさつをしっかり把握し, 面接に対する保護者の意識を知るようにしましょう。保護者のニーズが低いことが事前にわかっていれば, それに見合った対応を考えることもできます。それは, 保護者に負担をかけないことにもつながるのです。負担がかかってしまうと, 面接の効果が薄れます。保護者にとって面接がストレスになっては本末転倒です。面接につながるまでのプロセスを把握することには, 大きな意味があるといえます。

〈この節のまとめ〉
保護者が面接予約に至るまでのプロセスを把握しておくと，保護者のニーズに見合った適切な面接を行うことが可能となります。その点を頭において面接に臨むとよいでしょう。

Ⅴ．初回面接で保護者を迎える際のポイント

　学校の中で保護者が足を運ぶ機会が多い場所としては，教室や職員室，PTA 会議室などが挙げられます。相談室は先生が保護者面接で使うことはあるとしても，それ以外は用事がなければおそらく保護者にとっては縁のない場所でしょう。以前，ある小学校のオープンスクール（誰もが自由に学校に出入りして見学できる日）に相談室を開放したことがあります。見学していただくための準備を整えたものの，当日の来室者はゼロでした。覚悟していたとはいえ，残念な思いがしました。日ごろはそれだけ関心が低い部屋ということなのかもしれません。

　初回面接で保護者を迎え入れる場合，私はできる限り相談室のドアを少し開けておくようにしています。ノックすることの勇気を考えると，相談室に入りやすい環境を作っておくことがよいと思うからです。面接者にとっては慣れた空間であっても，保護者にとっては初めての場所です。緊張感があるかもしれません。また，面接のために時間を作り，相談室に来ることは決して容易ではありません。そのことを思うと，自然と「お待ちしていました。お忙しいところありがとうございます」ということばとなって出てきます。相談室を利用してもらうことへの感謝の念を忘れてはならないと私は思っています。それは，相談に来た保護者を人として敬う姿勢にもつながるのです。面接者が椅子に座ったままで迎えるのではなく，必ず立ち上がるようにします。第一印象をプラスにとらえてもらうための努力でもあり，面接のマナーともいえます。

　保護者の来室をねぎらうと同時に，スムーズに席に案内します。どのよ

うな位置関係で座るのかについては，部屋の仕様によって制限があるでしょう。可能であれば，90度の位置に面接者と保護者が座ると対話がしやすいといわれています。面と向かって話すよりも，自然に視線をずらすことができ，お互いにひと息つけるからです。また，二人の距離は“近すぎず，遠すぎず”を心がけます。人間には誰しも「これ以上相手が近づいてくるとストレスを感じる距離」があり，これをパーソナルスペースといいます。初対面で，しかも相手が異性であれば特にパーソナルスペースには注意する必要があります。近すぎることによって，話しづらくなる状況を作らないようにします。逆に，二人の距離が空きすぎると関係性を築くときの妨げになります。お互いが負担なく声を出し，楽に話ができる距離を保てるとよいでしょう。

　初回面接において，私は「相談室の場所はすぐおわかりになりましたか？」と質問することがよくあります。予約の段階でも相談室の場所は必ずお知らせします。それでも，当日校内で迷ってしまってようやく相談室にたどり着いたというケースもあります。来室されたときに，少し気持ちを落ち着けていただく時間も必要となるのです。予約時間に間に合うように必死になって来室された方にも何度か出会ったことがあります。そのようなときは呼吸を整えてからでも遅くはありません。まずは，保護者の方がゆったりと話せるための「間」を取ります。いきなり話し始めないことが大切です。これは，相撲の仕切りに通じるものがあります。面接者と保護者の息が合った瞬間から相談をスタートさせればよいのです。話ができるゆとりを保護者がもてるまで，面接者がゆったり待つということです。

　くり返しになりますが，相談の場に足を運ぶことの大変さを面接者は十分に認識しておくとよいでしょう。そして，面接者が簡単な自己紹介をしてから実際の面接に入るようにします。自己紹介は面接者の自己開示（自分についてのプライベートな情報を相手に伝えること）のひとつです。自己開示をすると，相手の抵抗感をやわらげる効果が期待できます。面接者がどのような人物であるかを伝えることにより，保護者の緊張感や警戒心も少しずつほぐれていきます。保護者にとって面接者は「謎の人物」であってはなりません。全く知らない相手に抵抗感があるのは，人として自然

な気持ちです。それを解きほぐし，少しでも安心できる空間で保護者との面接を行うようにしたいと私は思っています。そのために面接者が自己紹介をします。

　時間の都合もあるのですが，ゆとりがあれば本題に入る前に少し日常会話を入れるのも関係を作るひとつの方法になります。ことばには社交的な機能という，お互いの人間関係を深める働きがあります。それを上手に生かすことです。しかし，初対面の保護者にどのような話題を出せばよいのかは大変難しいものです。相手がどのような方なのかがわからないからです。共通の話題を見いだすには面接者側の工夫が必要となります。一般的に，天気や天候の話は無難であるといわれています。「今日は暑いですね」「よく雨が降りますね」という話題は，まず人を傷つけることがありません。また「学校にいらっしゃるまでに，お時間はどれくらいかかりましたか」という質問なども保護者にとっては答えやすいのではないでしょうか。さらに，保護者と面接者との間に共通の話題があると，早い段階で関係性を築くことができるでしょう。たとえば，その場にある物を話題にするという方法があります。以前，ある保護者の方が猫のデザインのバッグをもって来室されました。私は「かわいい猫のデザインですね。猫がお好きなのですか？」とおききしたら，やはり猫好きでした。私も猫が好きなので，それを話題にして少し話をしたこともあります。

　さまざまな切り口がありますが，ポイントは相手にとって興味や関心のある話題を選ぶことです。面接者が自分の好きな話題を出すと，保護者が聴き手になってしまう可能性があります。保護者にとって関心がなかったり，よくわからない話題では面接者主体の会話になってしまいます。それでは関係を作るための会話という意味が薄れてしまうでしょう。会話が本題に入るまでの導入であることを考えると，話題は保護者にスポットを当てていく必要があります。抵抗なく話せる話題を選び，話しやすい雰囲気を作ることがスムーズな面接の導入につながります。それを通して，面接者が何でも話せる人物であると保護者に感じてもらえるようにするのもひとつのねらいです。面接者と保護者との間によい関係を作ることにもつながります。これを「ラポール形成」といいます。ラポールとは，フランス

語で「架け橋」を意味し，心理療法の世界では信頼関係を構築する方法として存在します。上手なラポール形成によって，保護者はとても話しやすくなるものです。

　このように，初回面接では面接者に相当な心配りが求められるのです。保護者を迎え入れる面接者も，初対面の方と会うにあたっては適度な緊張感をもっていなければなりません。面接回数を重ねていく中で，面接者と保護者の関係も次第に築かれて緊張感もほぐれていきます。それはよいことです。同時に，初回面接での緊張感を忘れずに「面接に慣れない姿勢」も失いたくないと私は考えています。それが，面接のマンネリ化を防ぐことにもつながるからです。

〈この節のまとめ〉
相談室のドアを開けて迎え入れ，来室への感謝の心を忘れないようにします。ゆったりと保護者が話せる「間」を取ります。面接者が自己紹介や導入の話題を考えるなど，保護者の緊張感を和らげる配慮が必要になります。ラポール形成を心がけ，パーソナルスペースにも留意します。

第 2 章

話を聴くことは重労働である

■ 1. はじめに

　前章では，SC の視点からさまざまなことを述べてきました。その中で，学校の先生方が活用できるポイントもあったことと思います。さて，ここからの章は学校の先生が保護者面接を行う場面に焦点を当てて話を展開していきます。"面接者" を "学校の先生" とご理解いただけたら幸いです。

　話を聴くということは，日常生活の中で誰もが行っています。そのため，話すことに比べると "簡単にできる" と思われやすい傾向があります。しかし，実際は容易ではありません。私はカウンセラーになるための訓練の中で，自分のカウンセリング場面をビデオに撮影し，それを見ながらふり返る実習をくり返し行いました。それを通して，自分の癖をはじめ，さまざまな気づきがありました。自分としては一生懸命聴いているつもりでも，客観的に見るとそう映らない場面がたくさんあったことには驚きました。声のトーンに重みがなく，うなずきも軽くなっていました。表面的に話を聴いているようにしか見えないのです。目の前の相手が話すことを真剣に聴こうとしたら，ことばだけではなく表情や態度など非言語の部分にも細心の注意を払わなければなりません。ひとことでいうと「全身で聴く」ということになります。

　傾聴は積極的に相手の話を聴くことであり，「アクティブ・リスニング」（積極的傾聴）ともいわれます。ことばだけを表面的に受けとめるのではなく，相手の心をも把握しようとする聴き方です。ことばの奥にある気持ちをつかむようにします。「なぜこのような話をするのだろう」「どのよう

な気持ちで話しているのだろう」ということに思いを馳せながら話を聴きます。それが相手への深い理解につながり，相手も自分の気持ちを話しやすくなるのです。そのときに大切になるのは，「先入観をもたずに耳を傾ける」ということです。前もって，保護者に関する情報が面接者の耳に入ってくることもあるでしょう。しかし，相手と向かい合ったときには面接者の頭の中をいったん白紙にします。そして，相手の心を映し出すスクリーンとなって，話を聴きます。それが傾聴の基本です。

　ところが，さまざまな原因で話が聴きづらくなることがあります。人間が誰しももっている一般的な傾向として，まずそれらを理解しておくとよいでしょう。

■ Ⅱ．話が聴けなくなる原因

①　相手に対するネガティブな感情

　相手に対して苦手意識を抱くことがあります。これを「陰性感情」と言います。すると，話を聴くことに困難が生じてしまいます。相手と接する時間をなるべく少なくしたいという心理が働くからです。人間同士のことですから，いわゆる相性というものが誰にでもあります。これは，ある程度はやむをえないといえます。面接者といえども例外ではありません。保護者に対して苦手意識をもつこともあるでしょう。しかし，面接者として心がけておきたいのは，少なくとも面接中はそのような苦手意識を相手に感じさせないようにするということです。自分で意識していなくても，ふとした言動に苦手意識が表れてしまうことがあります。無意識に表れやすいものが態度です。コミュニケーションには，言語によるコミュニケーション（バーバル・コミュニケーション）に加えて，非言語によるコミュニケーション（ノンバーバル・コミュニケーション）があります。態度は，後者の典型的なものです。態度を通して，面接者の気持ちが意識せずに相手に伝わってしまう危険性があります。それを防ぐためには，目の前の相手に苦手意識を抱いている自分自身を自覚することがまず大切でしょう。そして，普段以上に神経を使って接するようにします。

　また，自分と異なった考えをもつ相手の話を聴くときもエネルギーを要します。どうしても批判的な心で聴いてしまいやすいからです。聴くことによって自分が不利にならないかという不安や，相手に反論したい気持ちがわき起こることがあります。心の中で相手に反発しながら聴いていると，それが理解の妨げになります。そのようなとき，私は「お互いの考え方が異なる中で，どこかに接点を見いだせないだろうか」という視点で話を聴くようにしています。その前段階として，相手の考え方をまずは尊重する姿勢が求められます。自分の考えが絶対正しいと思いこむと，相手を見下した言動につながる危険性があります。保護者と向き合うときには，面接者は常に謙虚さをもつようにしたいものです。

　カール・ロジャーズ（アメリカの心理学者）のクライエント中心療法では，人格変容のための条件のひとつとして「無条件の肯定的配慮」ということが提唱されています。無条件の肯定的配慮とは，カウンセリングにおいて相手の話を評価せず，あたたかく受けとめる態度で話を聴くということです。とても難しいことではありますが，面接者は相手に対するネガティブな感情をできるかぎり取り除くように努力をします。

②　集中力の限界，話す速度と聴く速度との関係

　人間の集中力には限界があります。大人でも集中力が続くのは 15 分程度といわれています。面接中，集中力を全く欠かさずに話を聴き続けるのは至難の業です。ふとした瞬間に集中力が途切れ，雑念が浮かんでくることは誰しも経験があるはずです。それを完全に防ぐことは相当難しいといえます。もし雑念が浮かんできたら，無理にそれを消そうとせず，目の前の相手の話に再び気持ちを向けるようにします。無理に消そう消そうとすると，雑念は余計に浮かんできます。雑念のことを考えないようにと思う時点で，すでに考えてしまっているのです。「今，雑念が浮かんだな」と意識したら，そうなった自分を否定せずに相手の話に再び気持ちを戻していくことがコツです。そのようなことを，面接の中でくり返していきます。

　また，一般的に話す速度よりも聴く速度のほうが速いといわれています。ですから，相手の話を追いながら，他のことを頭に浮かべることができる

のです。たとえば，話を聴きながら「家に帰ったら何をしようかな」「夕飯のおかずは何だろう」などと考えることができます。本来，人間にはこのような傾向があるということも意識しておく必要があるでしょう。

③　相手の言おうとしていることを，自分はよく理解していると思いこむ

相手が話そうとしていることを自分はよくわかっていると思いこむと，早とちりにつながりやすくなります。話の先取りをしてしまうのです。そのようなときは，相手が話し終わる前に「はいはい，わかります。○○ということですよね」などと言いたくなってしまいます。しかし，話は最後まで聴かないとわかりません。途中で口をはさまずに，相手が言い終わるまでじっくりと待つ姿勢をもっていたいものです。よく理解しているという思い込みは，自分の考え方の枠に相手を当てはめることにもなりかねません。わかったつもりになることの落とし穴に気をつける必要があります。これが度重なると「あの人はせっかちで，話をきちんと聴いてくれない」と思われてしまいます。面接者にとっては忍耐力が求められる場面です。

早とちりは，聞き違えの原因にもなります。たとえば，「今日，体調がよくないので面接をお休みさせてください」という電話がかかってきたときに「わかりました。今日の面接は風邪でお休みですね。どうぞお大事になさってください」とつい言ってしまうことがあります。ところが，電話をかけてきた相手はひとことも風邪とは言っていないのです。体調不良は風邪とは限らないのですが，受け手がつけ加えて話を聴くとこのようになってしまいます。そこに自分の推論や解釈が入りこんでいるからです。この点も意識しておきたいところです。相手が使っていないことばをできる限り使わないようにすると，このような聞き違えを防ぐことができるでしょう。

④　周囲の雑音が気になる

騒がしい場所で話をしていて，相手の話がよく聴き取れなかったという経験はよくあることです。物理的原因が話の妨げになることはよくありま

す。面接のときは，話に集中できるように静かな空間で行うことが望ましいのです。以前，ある小学校で講演をした際に，上空を頻繁に飛行機が通る時間にぶつかってしまいました。大きな音がして声がかき消されてしまうため，そのたびに話を中断したことがあります。騒音の激しい地域だったのですが，こういうものは個人の力では防ぎようがありません。

　学校で相談を受けていると，ドアを閉めていても廊下で子どもたちの話し声や足音などが相談室内に聴こえてくることがあります。チャイムが鳴ったり，校内放送が入ることもあります。学校内で行う面接ですから，ある程度はやむをえないことです。しかし，気が散る原因にもなるので，私は「すみませんね。外の音が気になりますよね」とことばをかけるようにしています。あまりにも騒がしくて声が聴きづらい場合には，静かになるまでしばらく待つこともあります。

　以上のような原因で，話が聴きづらくなるということを面接者は理解しておきたいものです。そのうえで，どのように話を聴けばよいのか，私なりに工夫している点を次にまとめます。

〈この節のまとめ〉
話が聴けなくなる原因としては「相手に対するネガティブな感情」「集中力の限界，話す速度と聴く速度との関係」「相手の言おうとしていることを，自分はよく理解していると思いこむ」「周囲の雑音が気になる」などが考えられます。誰にも当てはまるものとして理解する必要があります。

III. よりよい傾聴のために

　ここでは，話を聴くときに私が日ごろ心がけていることをお伝えします。その中には，当たり前と思われる点も含まれています。しかし，基本をおろそかにすると聴き方そのものが崩れてしまうので，あえて書きました。カ

ウンセリングの研修では「聴き方」について実習をまじえて学びます。何回くり返しても，これでよいということはありません。少し慣れてきたころに慢心が起こり，思わぬ落とし穴にはまってしまうことがあります。どれだけキャリアを積んでも，基礎をおろそかにしないことが大切です。その意味でも，気を引き締めてくり返し自分の聴き方をチェックする必要があります。これからお伝えすることは，私自身が日ごろ実践しているチェックポイントです。

①　ポイントをメモする──主語を聴き逃さないように留意する

　面接ではメモをとらないほうがよいという考え方があります。書くことに気持ちが向いてしまい，聴くことがおろそかになってしまうからという理由なのですが，記憶力に相当自信がなければ書いたほうがよいと私は思っています。あとで記録をまとめる際の手助けにもなるからです。そうは言っても，聴いた話を全て書き取るのは困難です。そこで，私はキーワードをメモするようにしています。そのときに，5W1H（誰が，いつ，どこで，何を，何のために，どのように）を頭においてメモをとるとイメージが浮かびやすくなります。とりわけ「誰が」という主語は聴き逃さないようにしています。これを抜かすと，話がわからなくなってしまいます。話し手，聴き手との間で共通理解を図るうえでも，できる限り正確に話を聴くように心がけます。そのためにメモをとるということです。その姿が保護者の目に「この人はきちんと話を聴いてくれる」と映ることでしょう。

②　質問して疑問点を解消する──質問のタイミングも考える

　私は話を聴きながらメモをとり，わからないところには「？」のマークをつけておきます。そして，保護者の話が一段落したところでタイミングをみて質問をしています。質問のしかたとしては，「今のお話をお聴きしていて，教えていただきたいことがいくつかあるのですが，よろしいですか？」などの表現が無難でしょう。「わからないところがあって……」というきき方をすると「私の話はわかりにくかったのか」と保護者に思わせてしまうかもしれません。場合によっては「きちんと聴いていなかったので

すか?」という,面接者への攻撃に転ずる可能性もあります。相手の自尊心を守った話し方を意識することが,保護者とのよりよい関係にもつながります。やや細かい点になりましたが,質問するときのことばづかいには注意を払う必要があります。

　また,そのつど尋ねてしまうと,そこで話の流れが分断されてしまいます。ある程度わからない点をまとめてから質問すると,話の流れを大切にしながら疑問点を解消することができます。いずれにせよ,面接者が「わかったつもり」「知ったつもり」にならないことが大切です。相手を理解することは簡単にはできないと心得ておくとよいでしょう。

③　確認してあいまいさをなくす──不安だからこそ明確にする

　面接の中で重たい話が出てくると「聴きたくない」「聴くのが怖い」と思うことがあります。突っ込んで話を聴かずにあいまいにしておきたい心理が働きます。「知らなければ,知らなかったと言える。自分を守れる」という防衛本能です。人間のもつ自然な心理ですから,これがいけないということではありません。とても難しいのですが,あとで問題になりそうなことについては,迷わず踏み込んでいく勇気もときには必要になります。とりわけ命に関わる問題については,面接者がきちんと話の内容をおさえるようにします。

　保護者との面接においても「子どもを殺したくなる」ということばが出てくることがあります。見過ごせない話については,どれくらい本気なのかをその場で確かめる必要があるでしょう。保護者が「殺したいような気持ち」を語っているのか,あるいは本気で殺そうと思っているのかという見極めです。後者であれば,保護者がかなり精神的に追いつめられている可能性があります。相当苦しいはずです。面接者として,そのままにしておくことができない状況といえます。このような場合,話に具体性があるかないかがひとつの判断基準になります。具体的な手段を考えているのであれば,実行する危険性が高いといえます。もしそうであれば,そこで対処しなければなりません。こちらが先手を打って最悪の事態を防ぎます。児童相談所,警察や病院などの関係機関と速やかに連携を図り,対応する

必要が出てきます。そのためにも，話を聴きながら気になったことばを放置しないことが大切です。

〈この節のまとめ〉
よりよい傾聴のために「メモをとる」「質問して疑問点を解消する」「確認してあいまいさをなくす」という点を心がけます。生命に関わる問題は，きちんと面接者が内容をおさえるようにします。

コラム①　私が場面緘黙だったころ

　場面緘黙という症状があります。言語能力がありながら，ある特定の場面（幼稚園や学校など）や人物に対して話せなくなってしまう状態です。家庭の中など，安心できる場所では普通に会話が成り立ちます。幼いころの私は，４年以上にわたり場面緘黙の症状を抱えていました。自分でもこれほど長く続くとは思っていなかったのですが，長いトンネルからなかなか抜け出すことができませんでした。話は幼稚園時代にさかのぼります。

幼稚園に入った日から始まった場面緘黙

　私には２歳上の兄がいます。兄が幼稚園に通っているころはそれがうらやましく，私も早く行きたいと思っていました。本来は参加できないのですが，無理を言って兄の遠足について行ったほどです。それほど，幼稚園を魅力ある楽しい場所であると感じていました。ところが，いざ自分が入園の日を迎えると，急に「行きたくない」という気持ちがわき起こりました。なぜかはわかりません。そのため，入園式の日は大変な騒ぎになってしまいました。幼稚園に行きたくなくて泣き叫ぶ私を，母が抱えながら連れて行くという想定外の事態です。幼稚園に向かう道の途中でも，私はバタバタと暴れて抵抗をしていました。そのようにして無理に連れて行かれた幼稚園ですから，楽しいはずがありません。私は一日中黙って過ごしていました。次の日からも同じように登園を渋り，隙あらば幼稚園からの脱走を試みていました。そのたびに先生に連れ戻され，先生方の間では脱走兵というニックネームがついたそうです。園の中で誰とも口をきかない日が続いていました。周りが少しずつ親しくなっていく中で，私はポツンとしていました。話さないことが当たり前になってしまうと，声を出すきっかけを失ってしまいます。突然話し

出したら，周りがびっくりするのではないか……そのようなことを考えていました。これが，場面緘黙の心理です。

　幼稚園の先生は，何とか私に話させようとして声かけをしてくれました。しかし私は，呼ばれたときの返事すらまともにできませんでした。今でもよく覚えているエピソードは，行事の最後におみやげのお菓子が配られた日のことです。お菓子をもらったときに「ありがとう」と言えなかったばかりに，私は最後まで会場に一人残されました。そのときにお礼が言えたのかどうか，記憶が定かではありません。幼稚園を休むことはほとんどなかったものの，２年間ずっとこの状態が続いていました。そして，小学校入学の時期を迎えることになりました。今後，自分がどうなっていくのか，不安でいっぱいな心境だったことは間違いありません。

小学校に入学しても変わらない自分

　その幼稚園からは，ほとんどの園児が地元の小学校に入学します。「しゃべらない子」というレッテルを張られたまま，私は地元の小学校に入っていくことになりました。場面緘黙を改善する方法のひとつとして，新しい環境に身をおくという手段があります。つまり，場面緘黙であったことを誰も知らない集団に入ることによって，新しい自分をスタートさせるチャンスが生まれるのです。進学するときに，あえて遠く離れた学校を選ぶというケースもあります。その方法が功を奏したという話もカウンセリングの中で耳にします。しかし，そこで自分を変えていけるかどうかは最終的には本人の意識の問題になるともいえるでしょう。

　小学校に入学したものの，私自身はそのままでした。これまでと同じように場面緘黙の状態が続き，授業中に指名されても発言することができずに黙りこくってしまう毎日です。内心「このままではいけない」と思いながらも，自分を変えていくきっかけがつかめずに時間だけが過ぎていきました。通知表の所見欄に書かれている内容は「無口である」「友だちを避けるのが残念である」など，いつも

同じコメントでした。誰に言われるまでもなく，自分で一番よくわかっていることばかりです。わかっていながらどうにもならないことを，私はとてももどかしく感じていました。

私にきっかけを与えてくれたＴ先生

転機が訪れたのは，小学３年生の時です。女性でベテランのＴ先生が担任になりました。Ｔ先生は学校の中でも厳しい先生として知られていました。不正を許さず，誰かが嘘をついたりすると白黒はっきりするまで問いつめるという，徹底した指導ぶりです。そのため，クラスで開かれる学級会は緊張の連続でした。私が誰とも話さないことについて，いつか学級会の議題で取りあげられるのではないかと内心恐れていました。嫌な予感は的中するものです。その恐れは現実のものとなりました。私が友人からしてもらったことにお礼を言えず，そのことがある日の学級会の中で取りあげられました。厳しい表情のＴ先生から前に呼び出されました。この状況では，もはやどうすることもできません。Ｔ先生はクラスのメンバーに対し，私がどんな場面で口をきかなかったかを尋ねていきました。いわく，あいさつしても返事をしなかった，物を貸してあげても黙っていたなど，次々にエピソードが挙げられました。ひと通りきき終わった後に，Ｔ先生の叱責が始まりました。「ほらごらんなさい。これだけ皆に嫌な思いをさせているじゃない！」言われていることはその通りです。私はずっとうつむいていました。このようなときは，時間の経つのが長く感じられるものです。叱られながら，私は次第に息苦しさを感じていました。そして「声をかけられたときに返事をしないということは，その人を無視したことになるのですよ。あなたは，そのことがわかっているのですか！」と言われたときに，私は遂にこらえることができなくなりました。我慢の限界です。涙があふれ出て，止まらなくなりました。「ごめんなさい……明日からはきちんと話をします……」初めてクラスの全員の前で声を絞り出して謝りました。そして，ようやく自分の席に戻ることができたので

す。クラスは，水をうったような静けさに包まれていました。その日，家に帰ってからどうやって過ごしたのかを私は全く覚えていません。この日の学級会の出来事を私は両親には話せませんでした。そのことだけは今でも覚えています。

思い切って声をかけてみた日のこと

　次の日を迎えました。「今日からは皆と話をしなければいけない。でも，できるだろうか」という不安を抱えながら学校に向かっていきました。歩いているだけで緊張感がわき起こってくる思いです。通学路を歩いていると，少し先にクラスの男子の姿が見えました。「ああ……ついに」という思いに包まれました。緊張が頂点に達しています。あいさつをしなければと思ったときに，一瞬足が止まりました。そして，距離が開きました。しかし，「今，声をかけなければまた同じになってしまう！」と思った私は行動を起こす決意をしました。思い切って小走りで近づき，後ろから「おはよう」と小さな声でそっと話しかけたのです。あいさつをしたのが私だったので，相手も少し驚いたようです。しかし，すぐに「おはよう」とことばを返してくれました。不思議なものです。それからの私は，学校の中で次々に声をかけることができました。そして，誰もがごく自然に口をきいてくれることが何よりもうれしかったのです。当たり前のようにクラスで話している自分を受け入れてくれる雰囲気がなければ，このようにふるまうことはできなかったでしょう。話せる自分は，とても楽でした。肩の力が抜けるような気分を味わうことができました。

　その日の「帰りの会」で，私はT先生に呼ばれて皆の前に出ました。前日の緊張感がよみがえり，何を言われるのか不安になっていました。条件反射的な反応で，再び鼓動が速くなりました。T先生は「今日，話をした友だちの名前を挙げてごらんなさい」と穏やかに私に尋ねました。覚えている範囲で私が一人ひとりの名前を挙げていくと「僕も」「私も」と言って，大勢の友人が手を挙げてくれま

した。結局，その日はクラスの半数以上の友人と話をしていたことがわかり，私自身驚きました。T 先生はニコニコしながら「やればできるじゃない」とほめてくださったのです。長年の場面緘黙から解放された日となり，その日を境に私は少しずつ自然体で話せるようになりました。おそらく T 先生には，私がこのように行動できるという見通しがあったのでしょう。見方によっては荒療治とも受けとめられる方法です。しかし，あの日に T 先生の叱責がなければ私は変われなかったのかもしれません。

　当時は学校に相談室もなく，スクールカウンセラーも学校にいない時代でした。今であれば，私は間違いなく相談の対象になっていた子どもでしょう。場面緘黙の相談は，小学校や中学校の相談室で受ける機会があります。どのケースにもさまざまな背景があるので，どのように対応していけばよいのかは大変難しいものです。改善までにある程度の時間が必要となります。両親はこのような私の状態を心配していたと思います。新年に親戚が集まったときに，大人同士の会話の中で「……まだ学校では話さないのよ……」と話しているのを耳にしたことがあります。その場にいた私は複雑な思いをしていました。あまり自分にとってはふれられたくない話題だったからです。あのころは相談機関に行ってカウンセリングを受けるということは，あまり一般的ではなかったような気がします。また，カウンセリングに関する情報も今よりは入手しづらかったと思います。

　学校の先生も，場面緘黙の対応には苦心されていたに違いありません。現在であれば，T 先生のとられた方法はおすすめできるものではありません。場合によっては，不登校になりかねないからです。話せないことを「責める」，避けられない状況で「話させる」というのは，本人にとって相当な負担がかかります。話せなくて一番苦しんでいるのは本人です。その気持ちを理解することが場面緘黙の対応では欠かせません。たまたま，このときの私にとって「話すきっかけ」になったにすぎないということです。

　幸い，場面緘黙の症状は少しずつ改善されていきました。私が声を

発することが当たり前になってきたのです。しゃべれなかった日々を思い起こすと，友人と会話をしている私自身が不思議でした。自分を変えていくには勇気と覚悟が必要なのだとあらためて思います。その後の私は，場面緘黙で悩むことがなくなりました。しかし，もともと私は緊張しやすいタイプだったのでしょう。中学，高校，大学と進学するたびに新しい環境になじむことに苦心していました。なかなか友人ができずに悩んだこともあります。周りの目が気になって，小動物のようにビクビクしていたこともたくさんありました。自分が人の目にどのように映るのかということが頭から離れず，常に"いい人"を演じようとしていました。対人緊張が強く，自分らしく自然にふるまうことができなかったのでしょう。私の対人緊張については，後のコラムをどうぞお読みください。

第3章

正確にわかりやすく伝える
ための表現方法

▌ Ⅰ. はじめに

　話し手が伝えたい内容と，聴き手の受けとる内容とが一致しないことがあります。一般的にいう「会話がずれる」という現象です。ここでは主に，面接者が保護者にどのように伝えればよいのかという効果的な「話し方」について考えていきます。

　話し手が自分の基準や尺度で考えて「これは通じるだろう」と思って話したものの，聴き手に理解されないことがあります。日常生活の中で多くの人が経験されることではないでしょうか。ことばに対する話し手と聴き手の基準や尺度が異なるから，そのようなことが起こるのです。

　話の目的が達成できたときに，話の効果があがったといいます。自己紹介であれば自分のことを相手に知ってもらえたとき，セールスであれば商品を買ってもらえたときに“効果があがった”と表現できます。話す以上，話し手は何らかの目的をもって相手に向き合っていると考えてよいでしょう。保護者面接も同じです。

　話し手は，どのようなことを話してもよいという自由な「発言権」をもっています。しかし，その話をどのように受けとめるかという「決定権」は聴き手が握っています。話し手が「わかりやすいだろう」と思って話をしても，わかりやすいかどうかを判断（決定）するのは聴き手です。話の効果は，聴き手の決定権によって大きく左右されるということです。そこ

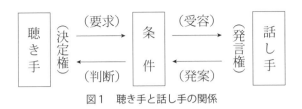

図1　聴き手と話し手の関係

で，話し手は，聴き手の決定権を常に意識してことばを選ぶ必要があります。正しく，きちんと理解してもらうためには「自分の話がどのように聴かれているのか」を頭におき，目の前の聴き手に合わせていく努力をしなければなりません。

　図1に示したのは，「聴き手と話し手の関係」です。ここでは，面接者から保護者に何かを伝える場面を考えます。そのため，面接者を「話し手」，保護者を「聴き手」と設定して述べていきます。実際の対話では，話し手が聴き手になり，聴き手が話し手にもなります。それをくり返していくのが対話です。

　実は面接者が保護者と向き合った瞬間から，面接者は保護者からさまざまな要求を出されているのです。ここでは，その要求を“条件”ということばで表現します。たとえば，仕事をやりくりして何とか時間を作って面接に来た保護者からは「忙しいから，話は手短にしてください」という条件が無言のうちに出されることがあります。これは，単刀直入に要点だけを話してほしいという保護者側の条件です。このような条件は，面接者が保護者の態度や様子を見ていてわかる場合が多いものです。もしそれがわからなければ「今日，お時間は大丈夫ですか？」と率直に尋ねてもよいでしょう。実際，私もそのようにしています。また，面接者に対して警戒心を抱いている保護者からは「私はあなた（面接者）を警戒していますよ」という条件が面接者に向けられています。保護者が醸し出す雰囲気を面接者は敏感にキャッチする姿勢が求められます。そのような条件を出されている場合は，まず保護者との間によい関係性を作るところから面接を始めるようにつとめます。それが効果的な保護者面接の土台となります。

　条件とは，このようなものを言います。そこで，保護者から向けられる

条件を面接者がきちんと受けとめ，それに見合うように対応していくことが面接を成り立たせるうえで重要なポイントです。とりわけ，面接者が発することばについては細心の注意を払う必要があります。表現方法の工夫です。その点について，さらに詳しく掘りさげて考えていきます。

■ II．相手に合わせた表現を考える

　外国籍の保護者が面接に来られることがあります。ここ数年はどこの学校でも多くなったように感じられます。外国籍の保護者の方々は，日本語の習得の度合いがさまざまです。それだけに，面接者としてはその点を頭において面接に臨む必要があるでしょう。日本語がよくわからないという方には「やさしい日本語で話してください」という条件（要求）があります。こちらが普段何気なく使っていることばが通じないことも面接の場面では起こりがちです。できるだけやさしく，かみくだいたことばを使うようにするとともに，「もし私の話でわかりにくいところがありましたら，すぐに教えてください」と伝えておくとよいでしょう。

　面接は単なる事実のやりとりだけではありません。心のありようという微妙な部分にもふれていくだけに，できる限りことばの解釈から生じるずれを少なくしていかなければなりません。私は以前，塾で試験監督のアルバイトをしたときに，事前のミーティングで「ザンキョウは，まとめてひとつの袋に入れておいてください」と言われたことがあります。何のことかさっぱりわかりませんでした。あとできいてわかったのですが，ザンキョウとは"残教"のことでした。つまり，残った教材はまとめて袋に入れてほしいという指示だったのですが，初めて耳にする私にとっては理解できないことばだったのです。面接においても，保護者の属性（国籍，性別，年齢，職業など）を踏まえ，それに合わせた表現を考えて臨む必要があります。ことばの解釈のずれが，認識のずれにもつながります。すると「伝えたつもりのことが伝わっていなかった」ということになりかねません。十分に注意したい点です。

　以前相談に来られた外国籍の保護者は，日本語の読み書きが困難で，話

しことばについても相当な配慮が必要な方でした。このような場合，話を
かみ合わせるには時間がかかります。会話の途中で，日本語を英語におき
換えるとスムーズに話が進むことがよくありました。たとえば，金曜日を
「フライデー」と表現すると，保護者の理解が早いのです。「オー！」とお
っしゃったことがありました。そのような保護者の反応を見れば，話の理
解の度合いがわかります。ことばを翻訳するため，1回の面接で話せる内
容はおのずと少なくなります。しかし，話の量よりも話を正確に把握する
ことのほうがはるかに重要です。多少行きつ戻りつしても，面接者として
は焦らずに面接を続けるゆとりを失わないようにしたいものです。

　面接者と保護者の年齢差が大きい場合，面接者の使うたとえ話を理解
してもらえないことがあります。保護者から「毎晩寝る前に“宿題やっ
た？”“歯は磨いたの？”と一つひとつきかないといけないんですよ」と言
われたときに「まるでドリフみたいですね」と返した私のことばが通じな
かったことがありました。かつて高視聴率番組であった「8時だョ！　全
員集合」というザ・ドリフターズの番組があり，そのラストで加藤茶さん
が「お風呂入れよ」「歯磨けよ」と視聴者に呼びかける場面がありました。
保護者のお話がそれにとてもよく似ているのです。しかし，若い保護者の
場合はこの番組を見ずに育ってこられたということもあります。そういう
方にとっては，ドリフと言われても何のことかわかりません。このような
例は大きな問題にはならないと思うのですが，会話の中でわからないこと
ばが出てくると，そこでひっかかってしまって後の話がなかなか聴けなく
なるということがあります。なぜかというと，その時点で思考がストップ
してしまうからです。わからないことばについて「何だろう，何だろう」
と考え続けます。そのようにならないためにも，面接者は保護者の属性を
よく頭において対応していかなければなりません。これは，面接者の個人
的な感覚で不用意にことばを使わないということにも通じます。

　以前，ある保護者の話を聴いていて，なるほどと思うことがありました。
その保護者のお子さんは小学1年生です。その子が学校から帰ってきて「お
母さん，空気を読むってどういうこと？」ときいてきたそうです。学校の
先生が，クラス全体に対して「空気を読みなさい」と注意をされたのです

が, それをどのようにとらえたらよいのかがわからなかったということでした。確かにその通りだと思います。「空気を読む」というのは, 小学 1 年生の全てが理解できることばとはいえません。「目に見えない空気をどう読めばいいのか？」と疑問を抱くのも無理はありません。このような場合は「みんなが静かにしているときはおしゃべりをやめましょう」などというほうが子どもにとってはわかりやすいでしょう。面接においても, 聴き手を意識して面接者がことばを発することが大切です。

> 〈この節のまとめ〉
> 保護者の属性（国籍, 性別, 年齢, 職業など）を踏まえ, それに合わせた表現を考えてことばを使うことが大切です。それが理解のずれを防ぐことにつながります。

Ⅲ. 誤解を生じさせないことばの選び方

　以前, ある事務所で起きた出来事です。リースで借りている複合機が古くなってきたため, 業者の担当者が複合機の入れ替えを提案してきました。その見積書を見ると, 現在借りているもののリース料支払いの残金に加えて新しい複合機のリース料が計上されています。返却する複合機のリース料の残金を払わなければいけないのかを問い合わせたところ, 担当者は「それは新しいリース料に組み込んで……」と答えたので, てっきり下取りになるものと理解しました。しかし電話で確認すると, 引き下げた複合機の残金も払わなければならないことがわかりました。結局, 担当者に再度来てもらって話をするという事態になったのです。「組み込む」ということばの意味がどのように受けとめられるのかを担当者が考えていれば, このような状況は防げたはずです。あらためて担当者の話をきくと, やはり古い複合機のリース料支払いも残るということでしたので, 結局この提案は白紙に戻してもらいました。誤解を招くような表現には十分に注意しなけれ

ばなりません。認識のずれを訂正した結果，相手にとって不利な状況になるときはなおさらです。それは人間関係にマイナスの影響を及ぼすことにもなってしまうからです。

　誤解を生じさせないためには，話し手と聴き手が共通の意味にとれることばを使うことがポイントになります。くり返しになりますが，話し手が発したことばがどのように受けとめられるのかという決定権は聴き手にあります。聴き手の決定権によって，話の効果は大きく左右されます。話し手が意図したように，聴き手が話の内容を受けとめてくれるとは限りません。そこを考えておかないと，思わぬ誤解につながってしまう危険性があります。

　不登校のケースでは，保護者が子どもの居場所を求めて相談に来られることがよくあります。私が勤めている自治体では，不登校の子どもが学校復帰を目指して通う教室が用意されています。その教室を利用するためには，まずは継続的な面接を行うなどいくつかの手続きが必要となります。入室を希望してもすぐに入れるわけではありません。最初にその点をきちんと説明せずに「ありますよ。これからご一緒に考えていきましょう」などと伝えると，すぐに入室できるものと思わせてしまうことがあります。保護者の心理としては当然のことです。そこで面接者が具体的な段取りを話していくと「そんなに時間がかかるとは思わなかった。それなら最初に言ってほしかった」と言われかねません。保護者に期待を抱かせて，後になって失望させることは避けるべきです。そこから信頼関係が崩れてしまい，場合によっては面接が中断することもあるからです。それは，保護者に対して大変失礼な対応であるといえます。ことば足らずは防がなければなりません。目の前の相手がどう受けとめるのかを常に考えてことばを発する慎重さが必要です。

　誤解を生じさせないという意味では，あいまいな表現も気をつけたいポイントです。保護者の相談を受けていて，思わず「大丈夫ですよ」と言いたくなることがあります。面接者に先の見通しがあってそのことばを使うのであれば「どのように大丈夫なのか」「なぜ大丈夫なのか」というところまで具体的に話すことが望ましいでしょう。きちんと理由を示さないと，

保護者に納得してもらうことが難しくなります。見通しがないまま，保護者に「大丈夫ですよ」と言うのは危険が伴います。保護者の方々は，面接者のことばから希望を見いだしたいのです。面接者から言われたことを支えにして，日々生活されています。それがよい方向にいくためのプラス暗示となり，実際に効果が現れるということもあります。しかし，望んだ結果にならなかったときに「あのとき，大丈夫と言ったじゃないですか」となりかねないことも面接者は心得ておくべきでしょう。面接者は発することばに慎重でなければなりません。

〈この節のまとめ〉
誤解が生じないためにも，相手にどのように受けとめられるのかを常に考え，共通の意味にとれることばを使う慎重さが必要です。あいまいな表現にも注意します。

IV．正確でわかりやすい伝え方

　面接でことばを選ぶときのポイントは「正確さ」と「わかりやすさ」です。これは簡単なようですが，実はなかなか難しいものです。
　「正確さ」については，5W1H に照らし合わせるとわかりやすいでしょう。基本的なことですが，これは極めて大切なポイントです。なぜかというと，5W1H をきちんとおさえることによって，論理的に破たんをきたさない表現につながるからです。話に具体性が出るとともに，あいまいな表現を避けることにもつながります。その前提として，話し手が伝えるべき内容を正しく把握していることが大切です。内容を正確につかむことによって，初めてことばで表現できるのです。逆に考えると，よくわかっていないことは口に出さないほうが無難ともいえます。私は，質問されたことに即答できない場合は「次回までに調べてご返事します」と保護者に伝えています。多少の時間はかかったとしても，正しく答えるほうが重要です。

あいまいなまま答えて，あとでそれが違っていた場合は面接者への不信感につながるかもしれません。こちらが単純なミスととらえていても，保護者にとってはそうではありません。面接者は自分の発することばに責任をもたなければならないのです。それに関連することですが，自分で十分に消化していないことばも使わないほうがよいでしょう。意味がよくわからないまま伝えると，自信をもって話せないばかりではなく，別の意味に受けとられてしまう危険性があります。面接者が不安を抱きながらことばを使っていると，それは自然と相手に伝わってしまいます。相談する立場としては，面接を受けることで安心感を得たいという気持ちがあります。それを考えると，面接者としては面接場面において保護者の不安要素を少しでも減らす努力が必要になります。

　5W1Hに沿って表現するときの留意点をもう少し考えると，主語を省略した話は非常にわかりにくくなるということが挙げられます。話し手は，自分がわかっていると知らず知らずのうちに主語を省略して話してしまうことがあります。省いても話が通じると思うからです。しかし，「誰が」を抜いてしまうと，聴き手は話の内容を正しく理解できなくなってしまいます。これは，面接を進めていくうえで大きな妨げとなります。正確に伝えるということは，きちんと筋の通った話を伝えることにもつながります。もし不正確な表現で誤解が生じてしまったら，面接者は誠意をもって訂正し，お詫びをすべきでしょう。そのような人間性も保護者からは見られているのです。そのためにも5W1Hを常に意識して，とりわけ主語を抜かさない表現をする必要があります。

　「わかりやすさ」の土台になるのは，わかってもらうための努力です。正確なことばであっても，それがそのまま相手に通じるとは限りません。たとえば，その組織内では通用するけれども，組織に属していない人にはわかりにくいことばというものがあります。私は初めて学校に勤務したときに「級外」や「完下」ということばが理解できませんでした。級外とは，クラスを受けもっていない教師のことです。完下は，放課後に部活動をせずに子どもが一斉に帰る"完全下校"を省略した表現です。説明を受ければわかるのですが，最初にこのことばを耳にしたときには「キュウガイ？」

「カンゲ？」と疑問が起こりました。どのような字を書くのかも浮かんできませんでした。先にもふれたように，話を聴いていてわからないことばが出てくると，聴き手はそこでひっかかってしまいます。そして，そこから先の話が聴けなくなります。これは，聴き手に大きな負担をかけてしまうことにもなりかねません。面接者はそのような状況が起こらないようにしなければならないでしょう。わからないことばを面接者にきける場合はまだよいのです。しかし，遠慮してきけずに保護者の方が我慢してしまうようなこともあります。面接においては，ことばによる理解のずれを極力少なくする努力が求められます。「このことばは理解していただけるだろうか？」と常に自らに問いかけることも必要になります。私は面接において，なるべく心理学の専門用語を使わないようにしています。やむなく使うときには，「これは○○という意味です」と必ず解説をつけ加えます。それでも，いつもわかりやすい形で保護者に伝わるとは限りません。そこで「面接の中でわかりにくいことばがあれば，遠慮なくおっしゃってください」といつもお願いしています。これは面接者の最低限の心配りといえるでしょう。

　また，話をするときにセンテンス（ひとつの文）を短くすることもわかりやすさにつながります。読点が多くなると，どこでセンテンスが終わるのかがわかりづらくなります。長い文ほど，聴いていて脳に負担がかかります。私はなるべく「〜けれども」などの接続詞を使わず，短く言い切るようにしています。目安としては，ひとつの文を 400 字詰原稿用紙 2 行分（40 字）以内におさめることです。それ以上になると，冗長な印象を与えると私は考えています。そして，ひとつの文が終わったら一拍おき，それから次のことばを発するようにしています。どのように話せば聴き手が理解しやすくなるのかを考えたときに，センテンスを短く区切ることもひとつの要素であるといえます。

〈この節のまとめ〉
「正確さ」については，5W1Hに照らし合わせるとともに主語を抜かさないようにします。「わかりやすさ」については，組織内だけで通じることばや専門用語を避けるとともに，センテンスを短くするよう心がけることが大切です。

Ｖ．面接者から保護者にお願いをするときのポイント

　面接を進めていく中で，面接者が保護者に何かを依頼することがあります。子どもへの接し方について「こうしていただきたい」とお願いをする場面，あるいは次回の面接までに何かをもってきてもらうような場面などさまざまです。面接者から依頼したことがきちんと果たされたかどうかによって，その後の面接に影響を及ぼすことがあります。保護者に的確に伝える努力が面接者には求められます。

　夏休みの宿題が書かれていた一覧表を子どもが失くしてしまい，夏休みが始まって10日ほど経ったころに保護者の面接を行ったことがあります。子ども自身は全く困った様子がなく，毎日気楽に過ごしているということでした。私は保護者に「今日のうちに学校に連絡をとって一覧表を失くしたことを伝え，お子さんにもらいに行かせるようにしてください」とお願いをしました。その理由として，このままだと何もしないまま日が経ってしまう可能性があること，一覧表を失くしてしまった責任を子どもが自分自身でとる必要があることなどを伝えました。宿題を「なかったこと」にしてしまうと，最終的には夏休みの終わりに本人が苦しむことになってしまいます。一日も早い対応が必要だと感じました。このようなときには面接者が「そうですか。それは困ったものですね」で終わらせないほうがよいでしょう。介入することによって事態がよい方向に進むのであれば，面接者は迷わず動きたいものです。

　介入とは，面接者が問題解決のために意図して行う発言や行動のことを

いいます。速やかな援助のためには面接者が受け身ではなく能動的な介入をすると効果的です。上手に介入するには，面接者が伝えたい内容を明確かつ具体的に表現し，その内容が理解されたかどうかを保護者に確認することが大切です。その前提として，面接者が保護者と十分な信頼関係を築いていることや，問題を正確に把握する能力が必要です。特に，生命に関わるような場合は迅速に介入しなければなりません。これを「危機介入」といいます。面接における危機介入とは，危機に直面して追いつめられた相談者が平静を取り戻し，問題解決に向かっていけるように支援することです。

　以前，自殺願望を抱いている中学生の面接を行ったときに，自殺についての細かい計画が本人の口から語られたことがあります。具体性があり，しかも面接が終わって帰宅したら実行するつもりだという内容でした。私は，このまま本人を帰らせてはいけないと思いました。これは，危機介入が必要な場面です。そこで，「今日の話を聞いて，一人で家に帰らせることはできない」「これから家に連絡をして，保護者に迎えに来てもらう」の2点を本人に話しました。本人は一応納得しましたが，油断はできません。面接者が目を離した隙に帰ってしまうかもしれないからです。そのときは，手が空いていたスタッフに頼んで，面接室の外に立ってもらいました。本人が面接室から出ていかないための対応です。その間に私は上司に報告したうえで保護者に連絡をとり，迎えに来てもらいました。私は面接の内容を別室で保護者に伝え，2つのことを依頼しました。ひとつは，本日中に通院している心療内科に行き，主治医の指示を仰ぐことです。本人はすでに通院歴があり，早急な受診が必要と思われました。もうひとつは，今日は本人から目を離さないでほしいということです。受診したとしても，衝動的な行動に出る危険性が十分考えられました。幸い，すぐに保護者が対応してくれて，最悪の事態を防ぐことができました。

　こちらが抱いている危機感を適切に伝えるためにも「何のために」「何を」「誰が」「いつ」「どこで」「どのように」行動してもらうのかを具体的に伝えるようにします。そして，もうひとつ大切なことは"報告"です。受診が終わり，帰宅したら連絡をくださいと保護者にお願いをしておきまし

た。このようなことを伝えるときには余分なことを言わず，端的なことばで要点をわかりやすくという点も心がけます。そのためには，やはりセンテンスを短くするとよいでしょう。学校の先生も危機介入をしなければならない場面があると思います。子どもが校内でリストカットをした，喧嘩をして怪我をしたなどということは日常起こりがちです。そのようなときに保護者にどのように連絡をするのかも，ひとつの危機介入といえるでしょう。そのときの状況により，保護者に学校へ来てもらうことも少なからずあります。難しい判断ですが，遅れないように行動することが適切な対応のポイントになると思います。

〈この節のまとめ〉
面接において保護者に何かを依頼するときには「何のために」「何を」「誰が」「いつ」「どこで」「どのように」という5W1Hを意識し，端的に伝えるようにします。センテンスも短くします。迅速かつ適切な介入を行うことがポイントです。

コラム②　赤面の症状に苦しんだ 20 代

　対人緊張によって起こる症状には，身体の震え，口の渇き，心拍数や血圧の上昇などさまざまなものがあります。自分の意思ではコントロールがしづらい自律神経の働きによって，このような症状が起こります。自律神経には活動時に活発になる交感神経と，安静時に高まる副交感神経のふたつがあります。緊張したときには交感神経の働きが高まります。私の場合，赤面という症状でそれが現れました。これは人前で話すときなどに顔が火照り，赤くなってしまう状態です。緊張すると，脳が戦闘状態になります。適切な判断ができるように，酸素を含んだ血液が脳に集まります。そのときに顔の皮膚の下にある毛細血管に大量の血液が流れるため，赤面という症状となって現れます。これが赤面のメカニズムです。

日々，赤面に悩まされる

　初めてそれに気づいた（気づかされた）のは，大学生の時です。サークルの会合で一人ずつスピーチをする場面がありました。私が話し終えたときにメンバーの一人が「顔は緊張していたけれど，話はまとまっていたよ」というコメントをしました。顔の緊張ということが理解できず，何を言われているのだろうと思いました。ちょうど鏡張りの部屋で，すぐさま自分の顔を見ると真っ赤になっていたのです。全く意識していなかっただけに，私は大変驚きました。赤面を気にし始めたのは，そのころからです。人前で話す機会があるたびに「今日は大丈夫だろうか」と不安になっていました。それが悪循環を生みだし，自然と人前に立つと顔の火照りを感じるようになってしまいました。それをおさえようとすればするほど力みが生じて，ますます症状が強く現れます。これは条件反射のような反応です。赤面は人から見てもすぐにわかる症状だけに非常に恥ずか

しい思いをします。私は困りました。しかし，なす術がないまま日が経ってしまい，大学を卒業する時期を迎えました。

話力総合研究所に通う

　就職して最初に配属になった職場は，青年館という社会教育施設です。地域の青少年を対象にした講座やイベントを開催する仕事で，人前であいさつをする機会も多くありました。赤面の症状を何とかしなければと思い，私は話す力・聴く力を身につける話力総合研究所（当時：話力研究所）に通い始めました。場数を踏めば治るだろうと思っていたのです。まさにその通りで，ここで学んだことは私にとって大変役に立ちました。

　研究所主催の話力講座では，「話の障害とその対策」の項目で「あがり対策」について学びます。そこでは「内容的なもの」「心理的・生理的なもの」「方法的なもの」という３つの側面からアプローチし，あがりの原因と対策について深く理解します。そこには，具体的な方法論がたくさんあります。人前で話す場が多い私にとっては，まさに"目から鱗が落ちる"気づきがありました。どの側面から考えても，私に必要なものばかりと言っても過言ではありません。たとえば「内容的なもの」として，話の中味に自信がなければ，自ずとあがってしまうという教えがあります。確かに，私は人前で話すときに，出たとこ勝負のところがありました。話すべき内容をもとうとしていなかったのです。まずは内容をしっかりと準備し，不安感の解消につとめることを意識するようになりました。アメリカの政治家ベンジャミン・フランクリンの名言に「準備をしないことによって，失敗する準備をしているのだ」ということばがあります。これまでの私に大きく欠けている視点でした。

　また，どのように話せば効果的なスピーチになるのかという方法論も，私には全く身についていませんでした。それだけに，話すことに対する見通しがついていなかったといえます。話力講座ではことばの選び方をはじめ，効果的な表現方法，話の組み立て方に至るま

で具体的に習得することができます。このような学びを通して，私はまとまった話を作りあげる方法を身につけることができました。"まとまった話はまとめた話である"——講師から語られたことばが今でも頭に残っています。

　私にとってひとつの大きな壁になっていたのは，心理的な面での原因です。話の内容を準備し，効果的な方法を少しずつ習得してきたときに「聴き手からよく思われたい」という期待が強くなりました。「いい話だった」「すごいな」と思われたい心理，いわゆる優越感です。そして，優越感と背中合わせにあるのが劣等感です。「もしうまくいかなかったらどうしよう」という不安が話すことの妨げになっていました。話力講座では，そのようなときの対策についても学びます。背伸びをしても，そのときの自分以上のものは出せません。話の中味に集中する，飾らずに素直に話す，高すぎる目標をおかないなど，このような場面での対応方法をいろいろと学びました。邪魔をしていたのは，私の心にあった完全主義です。話力を身につけることによって，赤面の症状が楽になってきたのは確かです。しかし，大切な場面でこの症状が出てしまうことがありました。

　話力総合研究所でひと通りのコースを終え，インストラクターになるための訓練を受け始めました。インストラクターとして教室に出講する前段階として，教育実習生という立場で教室に出る機会が与えられます。そこで，受講生を前にしてあいさつなどをするのですが，このような場が私にとっては大変なプレッシャーになっていました。教育実習生といえども，受講生からは講師として見られます。「田村先生」と呼ばれると「いえいえ，私はまだ先生という立場ではありません」などと言いたくなっていました。しかし，そのようなことは言えません。先生と呼ばれる自分を意識するたびに，緊張が高まる思いがしていました。自意識過剰です。私は「教育実習生が人前で赤くなってはいけない。もしそうなったら，どのように思われるのだろう」という恐怖に襲われました。

　アーロン・ベックが提唱した心理療法に「認知療法」があります。

認知療法では，マイナス思考を生み出す背景に「認知の歪み」が存在すると考えます。「認知の歪み」にはいろいろあるのですが，私にピッタリ当てはまるものが「全か無か思考」と「すべき思考」でした。前者は完全主義の考え方です。少しでもミスがあると完全な失敗ととらえてしまう「0か100か」という両極端の思考です。後者は「～すべきである」「～であってはならない」という考え方です。いずれも自分を責める思考につながります。私は「認知の歪み」に縛られていました。「教育実習生は人前で赤くならずに，きちんとした立派なあいさつをすべきである。受講生の手本にならなければならない」という高いハードルを掲げていました。緊張するのは当然かもしれません。

　私の思いとは裏腹に，あいさつをするとときおり症状が出ました。話力を学ぶ前よりは軽減されています。講座終了後に受講生から出されるアンケートで赤面を指摘されることがあり，このときはショックを受けました。「やはり気づいている人はいたのだ」という絶望感です。そして，ここでも私の「認知の歪み」が顔を出しました。「赤面を完全に治さないと，インストラクターになるべきではない」と。視野が狭くなり，自分で自分を追い込んでいたのでしょう。「緊張が他の症状だったら耐えられるのに……」などと考え，切羽つまっていました。話力を学ぶことによって改善されつつも，私は赤面に完全決着を求めていたのです。自分自身の考え方からわき起こる悩みでした。それがなければ，この症状は解消していたはずです。

カウンセリングを受けることを決意

　悶々としていたある日，タウンページにカウンセリングセンターが掲載されていることを思い出しました。手に取ってみると，確かに各種療法のページに心理療法が載っています。赤面の症状も改善できると書いてあります。「これしかない」という思いになった私は，すぐに電話をかけて資料を送ってもらいました。そして，初回の無料相談に行く決心をしたのですが，いざ足を運ぶとなるとかな

り緊張するものです。マンションの一室にあるカウンセリングセンターは静かな環境でした。インターホンを押すのも指が震えるような思いです。背水の陣というのは，このような気持ちをいうのでしょう。私はこれまでのいきさつをひと通り話し，何とか赤面の症状を治したいという気持ちを伝えました。話をしっかり聴いてもらえた安心感と，無理にカウンセリングを勧められなかったことが私を後押ししてくれました。安い金額ではなかったのですが，藁をもつかむ思いでカウンセリングを受けることにしました。ここに通えばよくなっていく希望を見いだすことができたのです。

　15 回コースを申し込み，週1回のペースで通い始めました。担当カウンセラーは，私よりも少し年上の男性の先生でした。今でもよく覚えているのは，私がどのような話をしてもじっくりと耳を傾けて聴いていただけたことです。私はここで傾聴の大切さを学んだように思います。何かを話すたびに過剰な反応がかえってきては，安心して話すことができなくなります。赤面のことを私は誰にも話せずにいました。人に話したときに，善意で「大丈夫だよ」「気にすることないよ」と言ってもらえるのは想像がつきます。しかし私は大丈夫ではありませんし，赤面を気にしています。私が知りたいのは，どうしたらこの症状がなくなるのかということだけです。私の担当カウンセラーは，それをよく理解してくださっていたように思います。安易な励ましのことばはなく，それが救いになっていました。生活の中で赤面の症状が出て嫌な思いをしたら，カウンセリングで話せばよいという安心感が改善につながりました。赤面を自分の中から追い出そうとすると，逆に居座ってしまいます。そうではなく，どのように症状とつき合っていけばよいのかを学ぶことができました。つまり，赤面する自分を否定せずに共存を図るということです。また，赤面は人に迷惑をかけるものではないから敵視しなくてもよいと思い始めたころから，より一層の改善が見られました。カウンセリングに通う中でよくなっている実感をつかめたのは，私にとっては奇跡ともいえます。

　15回コースを終えた後にフォローアップで数回通いました。症状に対する受けとめ方を変えたことが，何よりよかったのではないかと思っています。今でもときおり，思い出したかのように赤面の症状が出ることはあります。しかし，そのことで自分を責めることはなくなりました。「まあいいか」と思えます。話力講座で改善するとともに，カウンセリングを受けたことで私の症状はさらによくなりました。そして，運よく話力総合研究所のインストラクター試験にも合格することができました。担当カウンセラーには感謝の気持ちでいっぱいです。このときの経験が，後々カウンセラーへの道に進むきっかけにもなったのです。

第 4 章

保護者面接のコツ

￭ 1. はじめに

　この章では，保護者面接を効果的に進めていくうえで大切なポイントについて，さまざまな視点から述べていきます。保護者面接においては，保護者が子どもの状態をどのように把握し，子どもにどう接するのかを考えていくことが主な柱となります。

　面接者がまず心がけておきたいのは，保護者とよりよい人間関係を築く（ラポールを形成する）ということです。面接を行うにあたっての土台作りです。人に何かを相談するには勇気が必要です。なぜなら，話すことによってどのような反応が返ってくるのかわからない不安が生じるからです。不安を抱えながら話すには，勇気をしぼり出さなければなりません。そのような心境で面接に来られることを面接者は忘れないようにしたいものです。保護者をねぎらうという気持ちが大切なのです。面接者がしっかりと支えることによって保護者の心が救われ，そして勇気づけられます。それが面接者の基本的な姿勢といえます。そこから保護者とのよい関係が作られていきます。

　そして保護者がさらに安心できるように，子どもの姿を適切に伝えるための努力をします。それと同時にリラックス効果を生み出す「笑い」も意識して面接に取り入れるようにします。

　また，面接においては母性と父性のバランスを考え，上手に発揮していく必要もあります。さらに具体的な方法論として，ほめるときのポイントや作戦会議としての面接についても深めていきます。

II. ラポールを形成する——保護者との好意的人間関係を作る

　面接者と保護者との間によい関係を作ることを「ラポール形成」といいます。ラポールとは信頼関係を意味することばです。

　面接者と保護者との間にラポールが形成されると，保護者は安心して心の内にある思いを話すことができます。それは，面接者を人として信頼できるからです。一般的に，好意を持てない相手を信頼することはできないものです。ここでは，どのようにラポールを形成するのかという視点から，好意的人間関係を作るためのポイントを述べていきます。

　保護者と好意的な人間関係を作ることは，効果的な面接を行ううえでとても大切です。本来，人間は好き・嫌いという感情に支配されやすいものです。同じことを言われたときでも，好きな相手からのことばは好意的に受けとめる傾向があります。逆に，嫌いな相手からのことばは，どんなに内容がよくても拒否してしまう可能性があります。「何を」言われているかということよりも「誰が」言っているかという"話の主体"にとらわれやすいからです。それだけ好き・嫌いという人間の心理的な側面を軽く見ることはできません。保護者面接の場面でも同じです。面接者がどんなによいことを話しても，保護者との好意的な人間関係がなければ耳を傾けてもらうことができません。ラポールの大切さはそこにあるのです。

　以前，私はことばの行き違いから保護者に不信感を抱かせてしまった経験があります。誤解を解こうと思い，まずお詫びをしました。そのうえで，丁寧に話をさせていただきました。しかし，残念ながら私への不信感を拭い去ることはできませんでした。何度か話をしても保護者の気持ちが変わりそうになかったため，やむなく別の担当者にケースを引き継いだことがあります。なぜそのようになってしまったのか，さまざまな理由があると思います。少なくともここでいえるのは，私という人間に駄目出しをされたということでしょう。ラポールが崩れてしまったのです。

　保護者の中には，とても繊細な方がたくさんいらっしゃいます。面接者のことばづかいや態度に敏感に反応される方が多いという認識が必要で

す。一度面接者が保護者からネガティブな感情をもたれると，そこから関係を修復することが困難になってしまう場合があります。「誰が」という部分で拒否されると，話の内容である「何を」が保護者の頭に入らなくなります。こちらが話そうとすればするほど，保護者のガードがますます固くなってしまいます。先ほどの私のケースは，まさにその例です。保護者は日常生活の中でさまざまな傷つきを抱え，必死な思いで面接に来られます。それを受けとめる面接者に求められるのは，保護者を不快にさせない接し方です。それだけ難しい関係性の中で面接が行われているという意識を，忘れないように心がけたいものです。

　保護者と好意的な関係を作り，それを維持する努力は面接者にとって欠かせない要素です。面接の中では，子どもへの接し方などについて保護者に協力していただく場面もたくさんあります。そのとき，面接者と保護者が良好な関係にあればスムーズに進んでいくといえるでしょう。効果的な面接の基盤として，面接者は保護者と好意的な関係を作るように心がける必要があります。それが，ラポール形成にもつながるのです。そのことを踏まえたうえで，一般的に人間が好意をもちやすい条件について考えていきます。

①　好意をもちやすい条件

　人は，自分が親しみを感じる相手に好意を抱きやすい傾向があります。親しみを感じるきっかけにはいろいろなものがあります。面接の中で面接者が適度な自己開示をすると，保護者との距離が縮まることがあります。「適度な」というのは，自己開示をしすぎないということです。保護者が知らなくてもよいことまでうっかり面接者が話してしまうことは避けたほうがよいでしょう。保護者としては，一気に面接者との距離が縮まることへの抵抗感が生まれるかもしれないからです。自己開示はほどほどのところにとどめておきます。

　面接の主体は保護者ですから，面接者が話しすぎないことは基本的な心構えです。面接者がさりげなく自分を語れると，より望ましいでしょう。好意をもちやすい条件としては「共通性」「類似性」「等価性」「空間性」な

どが挙げられます。

　「共通性」とは，お互いが一致している条件です。たとえば出身地，出身校，血液型，年齢などが共通していると，それだけで親しみを感じやすくなるものです。共通性ほど一致していないものの，何となく似ているときに感じる「類似性」という条件もあります。「類は友を呼ぶ」ということわざがあるように，人間には似た者同士で集まる傾向があります。似ているというだけで親近感が湧いてくるのでしょう。学校で子どもたちの人間関係を見ていると，やはり「にぎやかなグループ」「物静かなグループ」のように，タイプによってそれぞれのグループが分かれていることに気づきます。これは類似性のなせる業なのでしょう。「等価性」は，同じものに価値をおくということです。趣味の同好会やファンクラブの心理に通じていると言えます。価値観が一致していることの仲間意識は強いものです。以前，ある保護者との面接で，ふとしたきっかけで同じプロ野球チームを応援していることがわかりました。すると，これまでよりも距離が近くなったように感じたのを覚えています。「空間性」は，物理的・心理的な距離の近さです。同じ対象をくり返し見たり聞いたりすることで好意的な態度が作られる“単純接触効果”と関連があります。面接回数を重ねるごとに面接者と保護者の間に少しずつラポールが形成されていくのは，その例です。

　このような条件があったとしても，必ずしも好意的な関係につながるとは限りません。しかし，関係を作るうえでのひとつのきっかけになることは確かです。そのきっかけを生み出すのが面接者の適度な自己開示です。面接を進めていくうえで妨げにならない程度に面接者の自己開示を効果的に活用できるとよいでしょう。先ほどもふれたように，面接者の「何を」「どこまで」お伝えしても支障ないのかは，個々のケースごとに慎重に判断しなければなりません。それはとても難しいだけに「これを話したらどうなるのか」という先の見通しをある程度もつことが必要です。保護者に話してもネガティブな影響がなさそうであれば，少しずつ自己開示してもよいと思います。面接者が一度にたくさん話すのではなく，あくまでも少しずつです。

② 保護者を好意的に見る心

　好意は相互交換的であるといわれます。これは，相手を好意的に見た結果，相手からも好意的に見てもらえるということです。「魚心あれば水心」です。そのような人間の心理を保護者面接でも上手に活用したいものです。

　具体的には，面接の中で保護者のよい面を見つけ出す努力をするとよいでしょう。そのような視点をもちながら保護者の話を聴いていると，自ずと見えてくることがあります。見えてきたら，それをことばにして伝えます。伝えなければ伝わりません。相手のよいところを見て，それを伝えることを「美点凝視」といいます。それを積み重ねていく中で「この面接者は私のよいところを見てくれている」と保護者が感じてくれるはずです。自分のよい面を見てくれる相手を嫌いになるという人はまずいないでしょう。それが，面接者に対するポジティブな印象につながる可能性もあります。また，人間には「返報性の原理」というものがあります。人から何かの施しを受けたときに，お返しをしないといけないという感情が働くということです。ファストフード店で無料のコーヒーサービスを受けると「何か買わなければ申し訳ないかな」と思う心理などは，典型的な例です。好意もひとつの施しであると考えると，この原理が成り立ちます。そのような好意的な関係を築くことができれば，面接もより一層スムーズに進みます。そして，保護者とのコミュニケーションがとりやすくなります。このような人間関係のベースを作ることは，効果的な面接のうえでとても重要であると私は考えています。

　時間を作り，場合によっては交通費をかけて保護者は面接に来られます。それだけでも大変なことであると私は思っています。そのように感じたときに，私は自然と保護者に頭がさがります。それが「よくいらっしゃいましたね」ということばとなって出てきます。会った時点で，保護者に対してすでにポジティブな感想を抱いているともいえるでしょう。ウェルカムの精神です。

　また，私は保護者との関係を作るうえで「名前を覚える」ということを大切にしています。名前を覚えることは「その人を覚える」ということばにおきかえることもできます。相手に温かい関心を示す第一歩です。自分

の名前はとても大事なものです。それを覚えてくれた相手には，自ずとポジティブな感情を抱きます。私にもそのような経験があります。知り合って間もない相手から「田村さん」と名前で呼ばれて，うれしかったことがたくさんあります。何気ないことのようですが，これは人間関係を築くうえでとても重要なポイントです。名前で呼ばれると，とても心地よい気持ちになります。「名前＝その人そのもの」だからです。逆に考えると「名前を忘れる＝その人を忘れる」につながってしまいます。

　「カクテルパーティ効果」という心理学の用語があります。カクテルパーティのように大勢の人が集まった賑やかな場面でも，誰かが自分の名前を口にしたり，自分のことを話題にしていると自然と耳がキャッチするというものです。人間は，それだけ自分に関心があるということです。保護者面接の場合，つい「お母さん」「お父さん」と呼んでしまいがちです。それが決していけないということではありません。ご両親で面接にいらした場合などは，そのように呼びます。そうしないと，どちらに問いかけているのかがわからないからです。しかし，お一人で面接にいらしたときは，私はつとめて「○○さん」と固有名詞でお呼びしています。目の前の保護者を個人として特定したいからです。

〈この節のまとめ〉
面接者が適度な自己開示を行い，保護者との関係性を築きます。その際に，好意をもちやすい条件である「共通性」「類似性」「等価性」「空間性」を意識します。
保護者のよい面をみつけて，それをことばで伝えます。そして，保護者の名前を覚えて呼びかけるように心がけます。それが好意的な関係につながります。

Ⅲ．子どもの姿を保護者に伝えるコツ

　子どもの姿を保護者に伝える場面はいろいろとあります。先生の立場で

あれば，学校での様子を保護者に知らせることが多いと思います。また，SC は子どもとの面接について保護者に話す機会があります。保護者にとっては家庭では見られない子どもの姿ですから，いずれも間接情報といえます。それだけに，誤解のないように客観的な事実を正確に把握し，伝えることが求められます。

　SC が行う子どもとの面接について，保護者は知りたくなるものです。しかし，面接には守秘義務があります。子どもの面接内容を保護者に伝えるためには，まずは子ども本人の許可が必要です。SC が保護者に話してもよい内容を本人に確認し，そのうえで伝えることになります。これが基本的な進め方です。したがって，保護者が知りたい内容を全て伝えられない場合もあります。そこはあらかじめ保護者に理解してもらう必要があるでしょう。守秘義務があることにより，子どもは面接の中で安心して自分を表現できます。その意義を保護者に丁寧に説明します。その際に「面接の中で，お子さんがどんなことを話しているのか気になりますよね」という，保護者への共感のことばも忘れないようにします。杓子定規な対応ではなく，「子どものことを知りたい」という保護者の心情を察することで，面接者に対する信頼感も増していくでしょう。学校の先生がクラスでの子どもの様子を保護者に伝えるときには，ここまでの配慮は必要ないかもしれません。クラスにおける子どもの姿に守秘義務はないからです。しかし，子どもから相談を受けてその内容を保護者にお話する際には，あらかじめ子どもの許可を得るとよいでしょう。それにより，子どもとの関係性を良好に保つことができるからです。

① 事実と意見を区別する

　さて，子どもの面接内容を保護者に伝えるのはひとつの報告です。報告する際には心がけておきたい点がいくつかあります。まず大切なのは「事実と意見を混同しない」ということです。事実を伝えるときには，面接者の意見（主観）をおり交ぜてしまうと「何が事実」で「何が意見なのか」という区別がしづらくなります。正確な報告の妨げにもなるので，客観的に表現しなければなりません。シンプルな例ですが「最近，お子さんは忘

れ物が多いです」という報告には，伝える側の主観が入っています。「最近」「多い」というのは，話し手の主観です。耳にしたときに「最近って，いつからなのだろう」「多いというのは，どれくらいなのだろう」という疑問が生じるかもしれません。また，「多い」という基準も人によって異なります。1週間に1回の忘れ物でも「そんなに多いのですか」と感じる方，1週間に5回でも「子どもにはよくあることだ」と感じる方など，さまざまでしょう。基準が異なると話がかみ合わなくなる場合があります。面接者が重要視していることでも，保護者からは「たいしたことないじゃない」と思われる可能性もあるでしょう。そうなると，いくら話しても平行線をたどったままということになりかねません。そこで，まず保護者には事実を端的に伝えます。そして，伝えた内容について保護者から「子どもの状態をどう思われますか？」ときかれることがあれば，そのときに初めて「私は忘れ物が多いと感じています」など，面接者の主観を述べればよいのです。最初から面接者の意見をまじえないように留意します。事実を伝えた後の保護者の反応，特に表情に注目します。表情に無意識のうちに気持ちが表れるからです。表情を通して，保護者の心理状態を推測することができます。

②　子どもの様子を具体的に伝える

　また，できる限り具体的に表現することも大切です。たとえば「お子さんは学校で元気にやっていますよ」というだけではイメージがわきにくくなります。どのように元気なのかを具体的に表現しなければ，保護者にとっては子どもの姿がわかりづらいものです。「休み時間になると，必ず校庭に出て友人とドッジボールをやっていますよ」など，保護者が「そうなんですね」と思えるように話すとよいでしょう。子どもが登校渋りの状態になると，保護者が子どもを学校まで送り届けるということがあります。先生に引き渡したあと保護者は帰ることになりますが，そのときに子どもが泣いていたりすると，親としては非常に気になるものです。後ろ髪を引かれるような思いで学校を後にするという話もよく耳にします。そこで「教室に入ってからは泣き止み，授業に取り組めました。給食も残さずに食べ

ましたよ」という報告がその日のうちに先生からあると，保護者としては救われるような思いになるでしょう。報告のタイミングも大切なポイントです。タイムリーな報告は，やはり「その日のうちに」といえます。それが子どもについての保護者との共通理解につながっていくのです。

③　あくまで学校での姿として伝える

　もうひとつ重要な点を挙げておきます。それは「学校の姿だけで，子どもの状態が全てわかるわけではない」ということです。学校の中で見えてくるのは，日常生活のひとつの姿にすぎません。面接者はそのことを頭におき，子どもに対する断定的な表現は避けるべきです。「学校の中では，このような姿が見られます」という程度にとどめておいたほうが無難でしょう。そこで，保護者が見ている日常の姿と合わせ，共通点や相違点を話し合っていけるとより一層子どもへの理解が深まります。子どもはおかれた場面によってさまざまな姿を見せます。それらを総合的にとらえ，子どもを全体的に理解していくことが保護者面接では重要です。ひとつの場面だけで子どもをわかったつもりにならないよう，面接者は留意する必要があります。子どものことを一番理解しているのは，誰よりも保護者なのです。保護者が，その子の専門家であるという言い方もできます。

〈この節のまとめ〉
子どもの様子を伝えるときには，「事実と意見を混同しない」「具体的にイメージがわくように表現する」「学校での姿だけで全てがわかるわけではない」という点を頭におきます。保護者が，その子にとっての専門家なのです。

Ⅳ. 面接の中の「笑い」を大切に

　以前，自殺予防の講演会に足を運んだときのことです。冒頭で，講師が

「携帯電話をおもちの方は，どうかマナーモードにせずに音が鳴るようにしておいてください。なぜなら，これからの話はとても重い内容です。聞いていて苦しくなるかもしれません。そんなときに着信音のメロディが救いになるのです」とアナウンスされました。講師のことばに会場は暖かい笑いに包まれ，時々着信音がなる中，リラックスした雰囲気で講演会が行われました。このようなユーモア感覚はとても大切なことだと私は思います。面接でも，保護者の方の携帯電話が鳴ることがあります。「すみません」とあやまりつつ，慌てて電源を切る方もいます。そのときに面接者が「いいメロディですね」と反応すると，それが話題となって場が和やかになることもあります。着信音が話の邪魔になるのではなく，リラックス効果があるのならそれでよいのです。もちろん，講演会や面接の場でマナーモードにすることは基本的なマナーです。しかし，うっかり忘れることは誰にでもあることです。そのような場面で，面接者はリラックス効果や笑いに変える気持ちのゆとりをもちたいものです。

　笑いには緊張を緩和する作用があります。笑いは息を吐く行為で，それによってエネルギーを放出してリラックスすることができるのです。面接の中で笑いが起こると，リラックスすると同時に，面接者と保護者の間の心理的な距離が縮まります。これを「親和作用」と言います。このときには自律神経の副交感神経の働きが高まります。深刻な保護者面接だからこそ，面接中に少なくとも一回は笑いが起こるようにしたいと私は考えています。不謹慎と思われるかもしれませんが，笑うことによって保護者がリラックスして話しやすい雰囲気が作られます。面接が終わったときに，少しでも保護者に元気になっていただけたらと私はいつも願っています。笑いがその一助になるのであれば，積極的に面接に笑いを取り入れていく意味もあるといえます。それでは，いったいどのようなときに笑いが起こるのかを考えてみます。

①　共感できたとき
　誰でも「自分の気持ちをわかってほしい。理解してほしい」という願いがあります。聴き手が話し手と同じような気持ちになれたときに共感が生

まれます。「そういうことってありますよね」と思わず言ってしまいたくなる瞬間が，面接の中ではしばしば訪れます。

　ゲームの話などはよい例でしょう。子どもがゲームに熱中していて，やることをなかなかやらないという相談をよく受けます。何度注意しても「あとちょっとで終わるから」のくり返しになり，しまいには怒鳴りつけてしまう……おそらく，ほとんどの家庭で見られる光景ではないかと思います。私の家でもそうでした。子どもがあまりにもゲームに支配されている姿を見ると，それを没収したい気持ちにもなります。私は保護者の話を聴きながら「実はうちもそうだったんですよ。時々，ゲームを没収してやろうかと思ったこともありましたよ」という話をします。すると，「先生の家でもそうだったんですか？」と保護者がホッとしたように笑顔になります。これが共感ということなのでしょう。「ゲームで苛々するのは自分だけではないんだ」という安心感が笑いにつながっていくのです。

　また，保護者との面接の中で「家でもそんなふうに話を聴いているんですか？」と尋ねられることが時々あります。カウンセリングの仕事をしていると，そのように思われやすいようです。面接者に対して“いつも穏やかで，感情的にならない人”というイメージがあるのかもしれません。確かに，そのような人もいるとは思います。しかし，残念ながら私はそうではありません。私生活では傾聴したくてもできないことがよくあります。家族に対して感情的になってしまうこともあります。特に，帰宅直後は私は家族の話を聴くことができません。そのようなときにいろいろと話しかけられると，「今，帰ったばかりだから後にして」とつい言ってしまいます。オンとオフを切り替える時間が私には必要なのです。もちろん，家にいるときには怒ることもあります。とりわけ，疲れていてゆとりがないときはそうなりがちです。それだけに，子どもに対してつい感情的になってしまう保護者の話は決して他人事ではありません。「私も家にいるときはよく怒ったりしますよ」という話をすると，意外だという反応を示されることもあります。想像がつかないらしいのですが，それと同時に安心されるようです。これも共感なのでしょう。保護者の表情に笑いが見られる瞬間です。

「同じ立場ならば，私も同じように感じますよ」と面接者から伝えることが共感のポイントです。それにより，保護者の方々がリラックスして面接で話ができるようになれば，それに越したことはありません。面接者といえども一人の人間です。喜怒哀楽の感情があります。それが保護者に伝わったときに連帯感が深まっていきます。本来，共感とはそのようなものであると私は感じています。共感することにより，一体感が生まれます。それが保護者との関係の強化にもつながります。面接を進めるうえでとても大切なポイントです。

②　面接者の失敗談を語る

人の失敗談には笑いが起こりやすいものです。なぜかというと，聴き手の優越感がくすぐられるからです。「自分だったら，そのような失敗はしないだろう」と思ったときに自然と笑いが生まれます。自ら貶める必要はないものの，ときには面接者自身の失敗談を語ることも笑いを起こすうえで効果的です。それにより，保護者から親近感を抱いていただけるようなこともあります。

子どもが学校から配られたプリントやテストをもち帰らなくて困る……という相談もよく受けます。教室の机の中に次々と入れてしまうので，奥に押し込まれたプリントがアコーディオンのようにくしゃくしゃになってしまいます。そして，机全体もずっしりと重たくなります。集金などの重要なプリントをもち帰らないと保護者としては大変困ります。これは当然のことでしょう。そのような場合，子どもの性格や行動傾向を尋ねたうえで，具体的な対応方法を保護者と話し合います。試行錯誤をくり返す中で解決策を探っていくには，ある程度の時間がかかります。また，子ども自身が困った経験をしないと，なかなか変わらないという現実もあります。目立った変化がないと，保護者の心の中に“あきらめ”の気持ちが生じやすいものです。そのようなときに「もし参考になれば」と前置きしつつ，私は自分自身の失敗談を話しています。

小学校時代の私は結構だらしないタイプでした。宿題を忘れたことは数知れず，点数のよくないテストはもち帰らずに，机の中におき去りにしてい

ました。明日のために頑張るよりも，いかに今日を楽に過ごすかということばかり考えていたような気がします。ある日，大変みっともない失敗をしました。給食で出された四つ切りの夏みかんを食べきれず，とりあえず机の中に入れておきました。その後，配られたプリントをいつものごとく突っ込んだために夏みかんは奥に押しやられ，私はそのことをすっかり忘れてしまいました。後日，重くなった机の中のものを整理したときに，何やら見慣れない緑色の物体が出てきました。それが，無惨にもカビを生やしてしまったかつての夏みかんだと気づいたときには愕然としました。さすがにまずいと思い，誰にも見られないように紙にくるんで，こっそりとゴミ箱に捨てました。内心ばれることを恐れていたのですが，どうにかその場を切り抜けることができました。しかし，大変いけないことをしたという罪悪感に襲われたことを今でも覚えています。その後，少しずつ "ためこみグセ" は改善されていきました。

　目の前の面接者がそのような失敗をしていることが，意外だという反応を示される方も多いです。それが笑いにつながることも少なくありません。そんな失敗をしても，何とか社会生活を送れるように成長できるのだと思われるのでしょうか。そうであれば，話した甲斐があるというものです。とかく深刻になりがちな相談の中で，笑いは砂漠の中のオアシスのような役割を果たすと私は考えています。

　アメリカの心理学者ジョセフ・ルフトとハリー・インガムは，対人関係における気づきをモデル化した「ジョハリの窓」を提唱しました（図2）。これは，人には「自他ともにオープンな自分」「人に隠している自分」「自己盲点」「未知の自分」の4つの面があるという理論です。面接者の失敗談は，日ごろ「人に隠している自分」にあたるでしょう。つまり，秘密の窓「隠された自己」の部分です。面接者の失敗談は誰をも傷つけることがありません。面接者が自己開示することも，ときには必要です。保護者にとっては，面接者からとっておきの話を聞かせてもらったという特別感がわき起こるのかもしれません。

	自分に分かっている	自分に分かっていない
他人に分かっている	開放の窓 「公開された自己」 open self	盲点の窓 「自分は気がついていないものの，他人からは見られている自己」 blind self
他人に分かっていない	秘密の窓 「隠された自己」 hidden self	未知の窓 「誰からもまだ知られていない自己」 unknown self

図2　ジョハリの窓

③　ともに喜ぶ

　満足感は笑いにつながります。心地よい雰囲気に浸ったとき，自然に笑いがこみあげる経験は，多くの人がもっていると思います。山登りをして山頂にたどり着き，朝日が見えてきたときにその場にいる人たちの間で笑いが生まれます。満足感や達成感に伴う笑いです。何かを達成できたとき——たとえば，不登校だった子どもが学校に行けた，入試に合格した等——にともに喜ぶ姿勢を面接者はもっていたいものです。本人はもちろんのこと，それは保護者にとっても大きな喜びだからです。

　このような大きな成果でなくても喜ぶ材料はいくらでもあります。母親が体調を崩しているときに，ふだんは反抗的な子どもが買い物に行ってくれた，あるいは洗い物をしてくれた——このような出来事も保護者にとってはうれしいはずです。その話を聴いたときに，面接者が「よかったですね」と心からことばを発する，それは笑いが生まれる瞬間ともいえます。何も声をあげてゲラゲラと笑わなくても構いません。微笑みでもいいのです。面接者が自然な笑顔を見せることで，その場がほんわりとした温かなムードに包まれます。それをじっくりと味わう中で，保護者の気持ちが少しずつほぐれていくはずです。

　ここで大切になるのは，子どもの変化を敏感にキャッチできる面接者の感受性です。普段は声をかけてもなかなか起きない子どもが自分から起きてきた，食事の後に片づけを全くやらない子どもが食器を流しに運んできた……これだけでも十分喜びに値する行動なのです。保護者が何気なく話される中に，喜べる材料がたくさんつまっています。それだけに，よく話を聴く姿勢を保つことが重要です。もっとも，面接者があまりオーバーに喜ぶのは考えものです。面接者の反応が過剰になると，保護者から違和感をもたれかねません。保護者の感覚と大きくずれてしまうと，かえって逆効果になることもあります。決してハイテンションになる必要はありません。喜んでいる面接者の気持ちを素直に誠実に伝えるだけでもよいのです。すると「これは喜んでもいいことなのだ」と保護者も思えるでしょう。

　しかし，面接者が喜んだとしても，保護者から「まあ，別に大したことではありませんから」という反応が返ってくることもあります。「これくらいのことで喜んでよいのだろうか」という気持ちが背景に存在しています。そのときに，面接者が肯定的な意味づけをすることも大切です。保護者の主観からすると，特別なことではないのかもしれません。しかし，これまでになかったプラスの行動が子どもに見られた場合，少なくとも前進ととらえることは可能です。絶対的な評価ではなく，以前と比べたときの相対的な評価をするということです。異なる視点を提供することによって子どもに対する保護者の見方が変わるとしたら，それが喜びにつながる可能性があります。これを「リフレーミング」と言います。カウンセリングの中で用いられる技法のひとつです。事実に対して無意識に与えている「意味づけ」を変えていく方法です。たとえば，保護者が「うちの子はなかなか決断することができなくて……」と語ったときに「お子さんは慎重に考えて決めるタイプなのですね」と面接者が伝えるという技法です。保護者から「そのような考え方もできるのですね」という反応があれば，リフレーミングは成功したといえるでしょう。

〈この節のまとめ〉
面接の中で「笑い」が起こると，それがリラックス効果につながります。
笑いのポイントは「共感」「面接者の失敗談を語る」「ともに喜ぶ」です。
リフレーミングもひとつのポイントです。

Ⅴ．面接における母性と父性のバランス

　一般的に，母性とは「受けとめるやさしさ」，父性は「決まりやマナーを
伝える厳しさ」ととらえられる傾向があります。これらは，男性・女性に
関係なく誰もがもっているものです。女性の中にも父性はあり，男性の中
にも母性があります。いわゆる母親役割，父親役割とは異なるものと理解
していただけたらと思います。母親・父親ともに母性と父性をもち合わせ
ています。もちろん，面接者の中にもあります。それを，面接の中でどの
ように発揮していけばよいのかを考えていきます。
　面接においては，まず無条件に相手の話を受けとめることが基本となり
ます。カール・ロジャーズの提唱した「無条件の肯定的配慮」（相手の話を
評価せずに，あたたかく無条件に受けとめる態度）をここでもう一度意識
するとよいでしょう。これがないと面接そのものが成り立たないといわれ
るほど重要な母性の部分です。何でも話せるという安心感があるからこそ，
初めて面接の中で自分の思いを自由に出せるのです。しかし，洗いざらい
話すことを強要するのは考えものです。面接においては，話す自由と同時
に "話さない自由" も守らなければなりません。「何でも話さなければいけ
ない」と保護者に感じさせては，面接を受けること自体が苦痛になります。
面接は自白の場ではないのですから，その場で話したいことだけを話せば
よいのです。「何でも自由に話してください」という声かけは大切ですが，
それが高じて保護者に迫ってしまうと押しつけになります。面接者は力ま
ずに，保護者の方々が話すことにじっと耳を傾ける存在であることが望ま
しいのです。保護者のそのままのありようを受けとめることが母性につな

がると私はとらえています。しかし，保護者によっては最初のうちは表面的な話題に終始してなかなか話が深まらないということもあります。そのようなときに，面接者は焦りを感じるかもしれません。しかし，その焦りを保護者に感じさせないように気持ちをおさえます。まずは何気ない会話をくり返しながら，「この面接者に大切な話をしても大丈夫だろうか」と保護者から試されていることもあるからです。面接者の様子を見る時期が過ぎ，それから少しずつ核心にふれる話をする保護者は慎重派なのでしょう。そのペースに寄り添っていくことも，ひとつの母性です。慎重な姿を尊重し「それでいいのですよ」と感じていただけるように保護者に接します。それが居心地のよい空間を作ることにもつながります。

　また，全ての保護者が最初から「まとまった話」をされるとは限りません。面接の冒頭で「どこから話していいのかわからないのですが……」ということばを耳にすることもよくあります。保護者の話が前後したり，あいまいな表現になることもあります。緊張していればなおさらです。私はまず，保護者が話されることをそのまま聴くようにしています。保護者自身が「どのように話したらよいのかがわからない」ということもあります。特に，相談が初めてという保護者はそのようになりがちです。何をどこから話せばよいのか，保護者自身に見当がつかないときこそ，面接者はゆったり構えるゆとりをもちます。「話しやすいところからで結構ですよ」「まとめて話していただかなくても大丈夫ですよ」「ゆっくりとご相談の内容を整理していきましょう」など，保護者の方々が安心できるような心づかいをすることも，ひとつの母性です。相談に来ることになったきっかけに焦点を当てて聴くのもよいでしょう。導入部分で話しやすい雰囲気を作るにあたっては相当な努力を要します。ここであまり沈黙が長くなると，その後の展開が難しくなる場合があります。少しでも声を出せると，だんだんと保護者の緊張感がほぐれていきます。つまり，面接者にはムードメーカーとしての役割が求められるのです。相談の場で保護者が肩の力を抜いて自由にふるまえること，自然体でいられることが相談の第一歩であると私は考えています。そのためにも，面接者が母性を十分に発揮するということをあらためて意識しておきたいものです。

　これに対して，面接の中で父性をどのように取り入れていくのかについては，さまざまな観点があります。先に述べたように，母性のやさしさに対して父性は厳しさととらえられがちです。現実生活への適応を目指して面接を進めていくときに，面接者の母性だけでは対応しきれない面もあります。そのときに父性を発揮しなければなりません。しかし，父性の出し方は大変難しいといえます。ことばひとつで保護者との信頼関係を損ねてしまうこともあります。やわらかい表現で父性的な関わりをするには相当の工夫が必要です。そこで，面接場面でどのように面接者の父性を出していけば効果的なのかを具体的に考えていきます。

　父性を出す場面としてわかりやすいのは，保護者が面接に遅れて来室されたときの対応です。出かける間際に電話がかかってきた，病院に行ったら待ち時間が予想以上に長かった等，さまざまな事情があります。やむをえないと思われるような理由も多々あるでしょう。次のコマが空いていたら，つい延長してしまいたくなるのも面接者としては無理はありません。しかし，そのような場合でも私は予定の時間が来たら面接を終わるようにしています。基本的に，面接は延長しません。保護者としては，話し足りない気持ちがあるかもしれません。そこを察しつつ，クッションとなることばを使いながら理解していただけるように努めています。「今日は十分にお話しできずにすみませんね。また次回，じっくりお聴かせください」など，やわらかい表現を使いながらも，延長できないことをはっきりと保護者に伝えています。あらかじめ設定された時間枠の中で面接を行うことに意味があり，そこからはみ出すことはしないほうがよいと私は考えています。"できないことはできない"と貫くのもひとつの父性です。そのときに，保護者を責めないような話し方を意識するのもポイントであるといえます。面接に遅れたことを非難するのではなく，「今日は時間が十分にとれずに残念です」という面接者の気持ちを伝えることにより「次は遅れないように来よう」と思ってもらえる可能性があります。保護者に受け入れてもらえるような，感じのよい表現を心がけます。

> この節のまとめ
> 面接者の母性と父性を上手に発揮することが効果的な面接につながります。無条件に受けとめる母性とともに，必要なことをきちんと伝える父性を生かすようにします。

VI.　忠告をするときの注意点

　また，保護者面接の中では，子どもの接し方についてさまざまな話が出てきます。ときとして，保護者の意に反して何かを"してもらう"あるいは"やめてもらう"必要性が生じることがあります。いわゆる「忠告」にあたる話です。ここでも面接者は父性を発揮します。意に沿わないだけに，保護者の心を傷つけてしまうことがあります。逆に，忠告することによって面接者自身が嫌な思いをするかもしれません。できることなら忠告はしたくないし，されたくないというのが人間の自然な感情です。それでも面接の中で保護者に忠告をしなければならない場面があります。それは，明確な逸脱行為があったり，そのままにしておくと事態が悪化しそうな場合です。面接者として見過ごすことのできない話を耳にする場面がいろいろとあります。そのときに，どのように父性を発揮して忠告するのかは大変難しいものです。ことばの使い方ひとつで，それまで築き上げてきた関係が崩れていく危険性をももち合わせています。それだけに，忠告をするには周到な準備をしていかなければなりません。逆に，忠告が成功すれば保護者との間により強い信頼関係を築くこともできるのです。そのための具体的な方法について述べていきます。

　まず心がけておきたいことは，面接者が耳にした話が忠告すべきものであるかどうかという見極めです。そこを抜かしてしまい，単なる思いつきや感情にまかせて忠告するとたいていの場合は失敗します。まず具体的な状況を面接者が把握し，忠告の必要性の有無について慎重に判断していくことが欠かせません。

　そのうえで，なぜそのようになったのかという状況の背景も知っておきたいところです。外に現れた現象だけにとらわれると，表面的な忠告で終わってしまうかもしれません。それでは，根本的な解決からは遠ざかってしまいます。たとえば，子どもが家のお金をもち出してしまったという話が保護者から出たときに，「今後は決してお金をもち出させないように隠してください」というだけでは真の解決にはなりにくいのです。なぜならば，子どもの行動がいけないことは保護者も十分理解されているからです。そのときの状況を詳しくお聴きすることに加えて，なぜ子どもがお金をもち出したのかという背景を知る必要があります。子どもが衝動的にやってしまったのか，あるいは子どもにとってストレス解消の手段だったのかなど，行動を起こした理由が何かによって対応は全く異なります。そこをつかむことが忠告のスタートラインになります。そして，話を聴くときには事情聴取にならないような配慮をします。子どもの問題行動を話される保護者のしんどい気持ちを面接者が察するということです。母性的な受けとめ方をしつつも，聴くべきポイントはきちんとおさえるようにします。きくときには保護者を質問ぜめにしないことも大切です。ここは，面接者が冷静に対処したい場面と言えます。事実と背景を知ったうえで，初めて忠告が可能となるのです。通りいっぺんの表面的な忠告にならないように面接者は留意します。

　具体的な忠告のしかたについては保護者の考え方や性格をふまえ，どのように話せば忠告が効果的なのかを考える必要があります。その前提として，頭に入れておきたい点がいくつかあります。それは，保護者に理性的に受けとめてもらうために面接者が努力すべきポイントです。

①　冷静に話す

　感情的にならず，つとめて穏やかに話すことは忠告の基本です。「これからお話しすることはとても申しあげにくいのですが，聴いていただけると助かります」などという前置きをすると，保護者も受け入れ体制を整えられます。忠告に限らず，話し手の口調が攻撃的になると，聴き手のガードは固くなりがちです。これは，作用と反作用の関係によく似ています。壁

に向かってボールを強く投げるほど，はね返りも強くなります。保護者に防衛心を抱かせないためにも，まず面接者が冷静かつ穏やかに話す姿勢を作ります。保護者から感情的な反応が返ってきたときに，面接者が感情的になっておさえ込もうとする対応は大変危険なことです。面接者が巻き込まれないように冷静さを保つということです。

② 根拠を示して納得してもらう

その行動をなぜやめないといけないのか，あるいはなぜやらなければいけないのかという根拠を示すことも大切です。保護者が納得しないと，忠告は成功しません。そのためにも，面接者が客観的な尺度をもっていることが望ましいのです。

たとえば，不登校の子どもの面接を行う際に，本人がなかなか約束の時間に来室できないということがあります。生活リズムが乱れていると，そのようになりやすいものです。面接の直前あるいは時間が過ぎてから「寝坊しました」という電話が入ります。面接時間をずらしてほしいと子どもから頼まれるような場合もあります。後の時間が空いていれば面接をずらすことも可能ですが，すでに述べたように，子どもから頼まれても私はあえてそのようにしません。同じ日に面接を取り直すことをせず，別の日に約束をしています。時間を守ることの大切さと，簡単に約束を変えてはいけないということを本人に伝えます。そして保護者には「生活リズムを立て直すには，約束を意識して行動することが第一歩になります」「寝坊の度に面接をずらすと"間に合わなかったら，変更すればいいや"という気持ちになりやすいものです」という理由から，別の日に本人と約束したことを説明します。「時間が空いていればいい」という問題ではないことを理解してもらうようにしています。多くの場合，このように話すと「そうですよね」と保護者に納得してもらえます。これはひとつの例ですが，どのような場合にもことば選びには慎重さを要します。もっとも，緊急対応などの場合は"待ったなし"ですので，その日に予約をしていなくても迅速に面接を行います。柔軟な対応をするということです。

③　具体的な改善方法を示す

　どのようにしたらよいのかという方法論を提案することも大切です。面接者の話を保護者が理解し，納得したとしても，そこから先の道筋が見えないと改善は難しくなります。忠告を意味あるものにしていくためには，具体的な改善方法にまで踏み込んでいきます。そのとき，面接者が保護者にあまりにも難しい要求をすると「頭ではわかるけれども，とてもできません」ということになりかねません。いくつかの方法を示しながら，どれなら実行できるのかを保護者に選んでもらうような工夫をします。改善方法が面接者からの一方的な提案で終わらないことが大切です。そのためにも，保護者が実際にできそうな方法の確認が欠かせません。

　また，段階を踏んで一歩ずつ提案するという方法もあります。心理学者のスキナーが提唱した「スモールステップ法」の活用です。これは，学習内容を小さな単位に分け，小刻みに学習を進めていく方法です。小さな達成を積み重ねることがやる気につながります。保護者面接に導入すると効果的です。子どもが面接に寝坊しないために保護者が実行可能なプランとして，①前日に面接予定を伝えて子どもに意識させる，②朝，声をかける，③面接に間に合うように起きたかどうかを電話等で確認する，など比較的やりやすいメニューを伝えて，初めの一歩を踏み出してもらうこともひとつの案です。まずは抵抗なくできることを保護者に実行してもらい，そこから少しずつ次のステップに進んでいけると無理がないでしょう。そこまで話を詰めて，初めて忠告そのものが生きてきます。

　子どもに対して感情的になってしまい，手が出てしまうという相談を受けることもあります。それがよくないことは，保護者自身も認識されています。しかし，感情のコントロールができないから苦しくなるのでしょう。そのようなとき，面接者は保護者がすぐに実行可能と思われる方法をいくつか伝えられるように準備します。「スモールステップ法」の活用です。子どもに手が出そうになったら「深呼吸を10回くり返す」「とりあえず，その場を離れる」「好きな食べ物を口にする」「好きな音楽を聴く」など，いろいろな方法が考えられます。保護者自身からアイデアが出てくると，より一層効果的でしょう。あまり無理な方法を強要すると，保護者がかえっ

て逆の態度を強めてしまうことがあります。これを「ブーメラン効果」と言います。面接者としては，心得ておきたい点です。

　改善方法を示すだけで終わっては面接の意味がないので，次の面接では必ずふり返りをします。保護者の実践を聴き，できたこととできなかったことを確認します。そこをきちんとおさえるのも，ひとつの父性です。このようなポイントを意識しておくと，父性を上手に発揮しながら保護者面接を行うことができます。母性と父性のバランスを考えながら面接に取り組んでいくことは大変難しいといえます。どちらか一方だけでは，なかなかうまくいかないというケースも多いのです。それだけに，面接者は面接の中で「今は母性の部分で接する場面だ」「ここは父性を出すタイミングだ」ということを常に頭の中におく必要があります。母性あるいは父性だけに偏らないための工夫をします。

〈この節のまとめ〉
忠告の際のポイントは，①冷静に話す，②根拠を示して納得してもらう，③具体的な改善方法を示す，の３点です。ここでも父性と母性のバランスが大切です。

▌VII. ほめる──称賛するときのポイント

　面接に行くと「子育ての至らない点を指摘されてしまうのではないか」「面接者から厳しく説教されるのだろうか」と思われている保護者が少なくありません。それが面接への緊張感にもつながるのでしょう。そうではないことをわかっていただくためにも，いらした方が「今日は話してよかった」と感じられる面接を心がけます。そのためのひとつの方法として，保護者を「ほめる」ということを考えて実行すると効果的です。ほめることは人を称賛する，相手に対する温かい関心を示す具体的な行為です。

　人は誰でも自分の価値を認めてもらいたい，評価してほしいという気持

ちを抱いています。それは，子どもでも大人でも同じです。子どもは親や先生からほめられたい，大人も職場の先輩や上司，家族などからほめてもらいたいと思っています。ほめことばによって「自分はこれでよかったのだ」と思えるからです。それは自己受容にもつながります。本来，自分のことはよくわからないものです。そのようなとき，自分の言動についてほめてもらうことで自分を客観視できます。それが自信にもなり，やる気を高めることにもつながります。「次はもっと頑張ろう」という原動力にもなるのです。

　アメリカの心理学者マズローは「欲求五段階説」を提唱しました（図3）。人間の欲求には，①生理的欲求，②安全の欲求，③社会的欲求，④尊厳欲求，⑤自己実現の欲求があり，①から⑤の順に並んだ欲求は低いものから順番に現れ，その欲求がある程度満たされると上の段階の欲求が現れるというものです。ほめてもらいたいという気持ちは，④の尊厳欲求といえます。

　保護者面接においても，ほめることを意識するとより一層効果的です。相談に来る方々の多くは，ご自身の子育てについて不安を感じています。

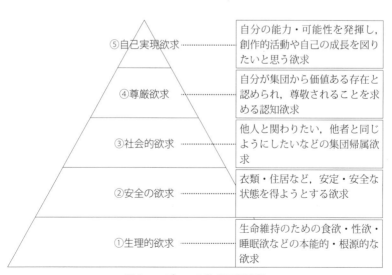

図3　マズローの欲求五段階説

それだけに，面接者からのほめことばが安心材料になります。ほめことばによって，保護者は自己受容ができます。それが，子どもを受けとめる他者受容につながることもよくあるのです。1 回の面接において，少なくとも 2 〜 3 回はほめるポイントが見つかるはずです。それを面接者が見つける努力も必要です。そのような視点をもちつつ，保護者面接に臨むことが大切になります。一般的に「ほめる」というと，立場の上の者が下の者に行うものという印象があるかもしれません。しかし，決してそうではなく，同等の立場にある者同士が相手を称賛するときにも使われるのです。面接者，保護者に上下関係はなく，対等の位置関係です。ここでは，そのような意味でほめることの重要性について考えていきます。

　まずは，どのようにほめることが効果的であるのかについて，いくつかのポイントをおさえておきます。

①　具体的に

　「頑張っていらっしゃいますね」「よくお子さんに向き合われていますね」という抽象的な表現では，面接者が何をほめているのかが保護者には伝わりません。できる限り，面接者は具体的な表現を心がけます。「頑張っている」「子どもに向き合っている」の裏づけとなる事実を保護者に示すことです。

　先日，子どもが初めて万引きをして捕まった日に，警察から連れ帰った後にじっくりと時間をかけて本人と話をされたという保護者からの相談がありました。その話をうかがったあとで，私はこのように話をしました。「お母様ご自身のショックは大きかったことでしょう。そのような中，その日のうちにお子さんと向き合って話をされたのはとてもよかったと思います。日が経つと，どうしても罪悪感が薄れてしまうこともあります。いけないことはいけないと，早い段階できちんと本人にわかってもらうことが再発を防ぐことにもなります。とても適切な対応をされたと思いますよ」。

　他にもっと上手な伝え方はあると思いますが，そのときに私は感じたことを率直に話しました。何がよかったのかを面接者の視点から伝えることにより「これでよかったのだ」と思ってもらうこともできます。ほめこと

ばは，相手の心に届いて初めて生きてきます。届かなければ，残念ながらそのことばはうわすべりします。それだけに，具体的なことばでわかりやすく表現するとよいでしょう。その保護者は「そうですか。これでよかったのですね」とおっしゃいました。おそらく，迷いながらの対応でご自身のとられた行動に自信がなかったのでしょう。面接者から支持されることで，安心感につながれば，それに越したことはありません。そのためにも，事実を具体的にほめるということを頭において面接に臨むようにします。

②　過剰な表現にならない

　いくらほめることが効果的であるとしても，やりすぎは禁物です。「最高です」「完璧です」というオーバーなことばを乱発すると，表現自体が軽くなります。そして「この面接者は本当にそう思っているのだろうか？」と保護者に思わせてしまう危険性すらあります。面接者だけが盛りあがってしまうと，保護者との間に温度差が生じます。すると，会話がかみ合わなくなります。面接者のことばが保護者の心に入っていかないと，残念ながらほめたことの意味が薄れてしまいます。街で見かける広告などでも「地域最大級」「激安」などの表現があまりにも多く使われると，広告自体の信頼性によくない影響を及ぼすことがあります。「果たして本当かな？」という疑問が起こってしまうからです。ほめすぎのデメリットもそれと同じです。

　このような点を頭におき，ほめるときの表現を程々のところにおさえておくこともポイントになります。ほめことばが過剰にならなければ，ほめられた保護者も受け入れやすくなるでしょう。やりすぎると，かえって保護者の居心地がわるくなるということも忘れないようにしたいものです。「そこまでほめてもらわなくても……」と保護者に思わせた時点で，ほめることが逆効果になってしまいます。過ぎたるは猶及ばざるが如し，ということです。

③　変化を見逃さない視点をもつ

　保護者自身の気づきがなくても，面接者から見ると明らかに前進と思え

ることがあります。そのような点をほめられると，保護者としては意外であると同時にうれしいものです。先ほど述べた「ジョハリの窓」をここでもう一度考えてみます。「自分では気づかないけれども，相手が気づいている点」を指摘することの効果は大きいはずです。面接の中でよく話を聴いていると，保護者のすばらしい面が見えてきます。そのようなときは，ことばにして伝えることが大切です。思っているだけではなく，ことばで表現しないと保護者に伝わらないことがたくさんあるのです。

　子どもが脱いだ服をそのままにするので，そのつど叱らずにいられないという保護者がいました。あるとき，いつものように子どもが靴下を脱ぎっぱなしにしたのですが，その保護者は丸2日間そのままにしておきました。すると，子どもが気づいて自分で洗濯物のカゴに入れたという出来事がありました。それを聴いて，私は頭がさがる思いがしました。もし自分なら耐えられずに子どもを叱るか，自分でカゴに放り込んでいるところです。そのほうが自分にとって楽だからです。しかし，それでは子どもが自主的に動く機会を奪ってしまうことにもなりかねません。私は「よく2日間も我慢できましたね。相当な忍耐力が必要だったと思います。お子さんにとっては，自ら行動する第一歩につながりそうですね」と話しました。この保護者にとっては，それほど大したことをしたつもりはないという認識だったようです。私から見れば，すばらしい行動に思えました。そこで，私が感じたことを面接の中で伝えました。すばらしい行動であることを保護者に認識してもらうと，それが「リフレーミング」（事実の意味づけを変える技法）にもなるのです。

　人によって物の見方やとらえ方は異なります。面接者の視点で前進と思えることについては，率直に表現してよいと私は考えています。ほめことばが次の行動への動機づけになるのは，誰しも経験することではないでしょうか。面接の中には，そのようなきっかけがたくさん見つかります。それを面接者が見逃さないようにします。それが，ほめることにつながるのです。

④　タイミングよく

　面接者がほめるポイントに気づいた時点でほめることが原則です。タイミングがずれて，あとになって「あのときのことですが……」とお伝えしても，ほめことばの鮮度が落ちてしまいます。保護者自身の記憶にないかもしれません。そのためにも，ほめるタイミングを間違えないように心がけます。ほめことばの鮮度が高いうちにほめるようにすると，より一層効果的です。

　ただし，時間が経ってからほめるべき点に気づくこともあります。そういうときは「遅くなってしまったから，ほめるのをやめておこう」というのではなく，やはりほめことばを伝えたほうがよいでしょう。その際には，時間のずれを埋めることばが必要です。「この前お話してからじっくり考えたのですが，このことはぜひお伝えしたいと思いました」という前置きをしてから話し始める方法もあります。すると，保護者としては「私の話をよく聴いて考えてもらえたのだ」という気持ちになり，面接者のほめことばが心に入りやすくなります。

　ほめられて怒り出す人は，まずいないはずです。一般的に，自分のよい点を見いだしてくれる人には好感を抱きやすいものです。面接の中で面接者が保護者のすばらしい点に気づき，それをことばにすることは大きな意味をもちます。それは，面接者と保護者との信頼関係をより一層強くしていくことにもなるのです。

　時間を作り，面接に足を運ぶのは決して容易なことではありません。それを考えると，来られる保護者の方々には頭がさがる思いがします。それだけに，面接を通して少しでも前向きな気持ちになっていただきたいと願っています。ほめることがその一助になると考え，面接者は意識して面接の中で取り入れていくとよいでしょう。それは，リップサービスとは全く異なる性質のものです。面接者が保護者の姿を正しくとらえ，専門的な立場からきちんと称賛していることにもなるのです。

〈この節のまとめ〉
保護者面接を効果的なものにするためにも，ほめる（称賛する）ことを意識します。ほめる際のポイントは，①具体的に，②過剰な表現にならない，③変化を見逃さない視点をもつ，④タイミングよく，の４点です。

Ⅷ. 保護者面接は作戦会議である

　保護者との面接において中心となる話は，子どもにどのように接するかということといえます。子どもの性格や行動パターンなどを踏まえて，より効果的な対応を話し合っていきます。ある方法を試してみて，うまくいけばそのまま保護者に続けてもらいます。うまくいかなかったら，そこで別の方法を考えます。これは作戦会議そのものではないかと私は思っています。困っている問題を解決するために，保護者の方々は面接にやって来ます。効果的な方法はすぐに見つかるとは限りませんが，面接者はあきらめずに取り組んでいかなければなりません。その前提として“問題解決とは何か”について理解を深めておく必要があります。

①　問題とは何か
　まず，保護者が直面されている問題を明らかにします。これが問題解決のスタートラインとなります。「登校を渋る」「学校に行かない」「暴言を吐く」「暴力をふるう」「勉強ができない」「生活習慣が身につかない」「家のお金を盗む」など，保護者が困る場面にはさまざまなものがあります。カウンセリングでは，これを「主訴」といいます。しかし，保護者にとってはあまりなじみのないことばかりかもしれません。そこで，ここではあえて“問題”という表現を使うことにします。相談を受ける場面では，必ずしも問題がはっきりしていないことがあります。「こうあってほしい」と保護者が望む子どもの姿があり，そこにたどり着くための方法や手段がつかめないこと，そして目的が見えないことを問題といいます。問題解決にあたっ

ては，問題を具体的におさえていくことが大切です。

　一人の子どもについて，複数の問題が同時に存在していることもよくあります。たとえば，不登校になって生活が昼夜逆転しているような場合は「学校に行けない」「生活が乱れている」「勉強が遅れている」などのさまざまな問題があります。そのようなときは，問題解決の優先順位をつけるとよいでしょう。これも，面接者からの一方的な提案ではなく，話し合っていく中で一緒に決めるようにすると保護者も納得できます。先に挙げた例では，まず「生活リズムを整える」から始め，そこから登校に向けて具体的な方法を考えていくとよいのです。実際には，優先順位をつけにくいような状況も数多くあります。しかし，一度に全ての問題を解決することは非常に困難です。そのようなときは「いろいろある中で，今一番お困りのことは何でしょうか」と面接者から問いかけるのもひとつの方法になります。一番困っていることを確認することで，優先順位を考えるヒントにもなるからです。できるかぎり面接者主導にならないように心がけます。このような場面では，保護者の考えにスポットを当てるようにして面接を進めます。そのうえで問題を整理していきます。

　このような話を丁寧に行うことにより，面接の方向性を少しずつ明確にすることができます。全ての問題を早く解決したくなるのが保護者の気持ちです。そこには十分に理解を示しつつも，今後の見通しをつけていくことが面接者の役割です。そのためにも，まず「問題とは何か」「解決したい優先順位」を最初の時点で可能な限り明らかにしておきます。問題解決の道筋が見えてくるように，面接者がからまった糸をほどいていく作業といえます。

②　問題解決のプロセス

　問題点が見えてきたら，次の段階はそれをどのように解決していくのかを保護者と一緒に考えていきます。具体的な手順としては，次のような流れに沿って進めていくと効果的です。

a．現状を把握し，問題の原因を探す

b．いろいろな解決案を話し合う
c．解決案について比較検討し，実行可能かつ効果的なものを選ぶ
d．具体的にどのように実行するのかを話し合う
e．実行後にふり返りを行う

　解決するためには，現状把握が欠かせません。そのために，子どもの現在の様子について保護者から丁寧に聴きとります。問題が「生活の乱れ」であれば，具体的にどのような状態なのか，どのように乱れているのかを知ることが先決です。睡眠や食事，入浴，着替え，部屋の状態などさまざまな観点から聴くことができると，子どもの全体像が浮かんできます。家での子どもの様子を面接者がイメージできるような聴き方ができると，より一層効果的です。たとえば，ひとことで「部屋が散らかっている」といっても，いろいろな情景を思い浮かべることができます。床に洋服や本などが散乱していて足の踏み場もない状態，机の上に物がたくさんおいてあって勉強ができない状態，ベッドの上で飲食するので食べかすが散らかっている状態……など，さまざまな状態があるでしょう。どのような空間で子どもが生活しているのかを知ることが，面接者の本人理解につながります。私は，抽象的なことばだけでわかったつもりにならないように心がけています。保護者の主観で語られたことばを，どのように客観的にとらえていくのか，そこに面接者の聴く力が問われます。面接者がその場の情景をイメージできたときに初めて「それは大変な状態ですね。ご心配でしょう」と心から共感できます。そして，共感できたときに保護者との関係性がより一層深まっていくのです。
　現状を把握できたら，なぜそのようになったのかを考えていきます。問題の原因を探す段階です。このときも「こうなったのは何が原因だと思われますか？」「なぜこのようになってしまったのでしょうか？」という問いかけをすると，保護者が「責められた」という感覚に陥ってしまうことがあります。「何が原因？」「なぜ？」ときくことにより，責任追及のニュアンスが含まれてしまうからです。原因を保護者の接し方に求めることは禁物です。「このような状況になったのは，おそらく何か理由があるのでしょ

うね。そこをご一緒に考えてみましょう」という表現であれば，保護者は「責められた」とは感じにくくなります。

　相談は裁きの場ではありません。保護者が肩の力を抜いて話せるための心遣いを頭において対応することが重要です。現状を語るだけでも，保護者にとっては負担のかかることです。それだけに，余分な負担をかけないようにしなければなりません。原因探しが犯人探しにならないように面接者は常に心がけます。

　原因が見えてきたら，次の段階は解決案を考えていくことです。これも，面接者から一方的に提案するのではなく，できる限り保護者から解決案を引き出すようにしていきます。なぜなら，現状を一番把握されているのは保護者だからです。「どのようにしたらよいか，何かお考えはありますか?」とまずは問いかけてみます。そのときに「できる，できないは別として，頭に浮かぶものはどんなものでも結構ですよ」とつけ加えることによって，意見を出しやすくなるはずです。ブレーンストーミングの発想です。保護者から出てきたアイデアに対しては評価しないことを念頭に，面接者は全てメモを取ります。もちろん「方法が何も浮かんでこないです」と保護者がおっしゃる場合もあります。そのときに「何かひとつでもありませんか?」と面接者がきくと，圧迫質問になってしまいます。わからないから相談にいらしているのです。自由に意見を出してほしいと言われても，困ってしまうかもしれません。そのようなときは面接者から「たとえばこのような方法が考えられると思いますが，いかがでしょうか?」と提案してみるのもよいでしょう。それをきっかけにして，保護者から関連したアイデアが出されることがあります。面接者のことばが誘い水になるのです。ここでも受容的な雰囲気を大切にしたいものです。解決案を出しやすくするのも，面接者の腕にかかっているのです。保護者がリラックスして話せるムードを作るようにします。

　このようにして解決案がいろいろと出てきたら，それらを検討していく段階に入ります。解決案を選択するポイントは「実行可能か」「効果的か」の二点です。そこで，子どもの性格や行動パターンなどを踏まえて考えていきます。子どもの一般的な特性が，その子どもにそのまま当てはまると

は限りません。これは，個別性を重視することにもつながります。「この方法をとったらどうなるだろうか」ということを想像してみます。保護者と面接者が見通しを立てていく中で，有効なものを候補として残します。それは複数になっても構いません。逆に，複数あったほうが作戦変更のときに役立つともいえるでしょう。

　最終的に，まずはどの解決案を試みるかを決めていきます。そして，それをいつどのように実行するのかを保護者と話し合います。解決案を煮詰めて具体化する段階です。これも，できるだけ保護者主体で決めるようにします。また，物事にはタイミングがあります。どんなに効果が期待できる方法であっても，タイミングを誤ると失敗しかねません。家庭内の細かな状況まで把握することは，面接者にはできません。保護者が判断に迷われたときのみ，面接者は助言するように"じっくりと待つ"ことです。解決案を決めるのは，早ければいいというものではありません。ここは，保護者の判断に委ねる必要があります。そして，保護者と面接者が十分に話し合っていきます。よい方法を考えていく際には「わかりやすい」「実行するときに保護者の負担が少ない」ということをポイントにするとよいでしょう。どんなによい解決案であっても，負担が大きいと実行へのためらいが保護者に生じます。

　そして，解決案を実行した後にはふり返りを行います。ふり返る際には，実行してみてうまくいった点とそうでなかった点を具体的におさえていきます。うまくいった点については，何がよかったのかを丁寧に掘りさげるようにします。成功の秘訣をつかんでおくと，次に似たような問題が起こったときにも生かすことができるからです。逆に，うまくいかなかった点をふり返るのは保護者にとって負担のかかる作業でもあります。このときに「力不足でこうなった」と保護者が思わないように面接者は配慮する必要があります。そのためにも，まずは実行した行動自体をねぎらいます。具体的には「難しい状況の中でよく行動されましたね」ということばを面接者が伝えることが大切です。話し合ったことを実行に移す大変さを面接者がわかっていれば，自然とことばになって出てくるはずです。それによって，保護者の心が救われるという場面がよくあるのです。さらに，その

ことばが次の行動へのやる気を起こすきっかけにもなります。そのうえで「今回は，どんな点が難しかったですか？」と問いかけていきます。子どもを相手に実行することの難しさを考えてみると，思い通りにいかなくても無理はありません。むしろ，思い通りにいかないことのほうが多いといえます。困難だった点が見えてくると，そこで新たな作戦を考えることもできるのです。

〈この節のまとめ〉
保護者面接は，子どもへの接し方を考える作戦会議です。まずは問題を明らかにし，そのうえで問題解決の手順を踏んで話し合っていきます。保護者の考えを主体にしながら，面接者は必要な助言を行います。そして，実行した後には丁寧なふり返りを行います。

コラム③　来室しないことの積極的意味

　学校で児童や生徒の相談予約を受けるときには曜日や時間を約束して予約カードを渡しています。しかし，いざ当日になると訪れない……ということがあります。おそらく，カウンセラーならば誰しも経験していることだと思います。そのときに，どのように対応するのかはさまざまなのですが，私はあえてそのままにしておくことがあります。

　厳密に考えると，約束を果たせなかったときは本人に気づいてもらうことが大切なのでしょう。相談の予約をすることにより，その時間は他の人が相談したくてもできなくなります。約束した人が来室しないと，その時間はポッカリ空いてしまいます。つまり，無駄になってしまうということです。待っている面接者の立場としては，いささかがっかりします。

　児童や生徒の相談は休み時間に受けることが多いのですが，教室移動やさまざまな事情でなかなか時間通りに来室ができないこともあります。休み時間が終わる1分前に，息を切らしながらかけつけてくれた子もいました。約束を覚えていてくれたのだなと思うと，うれしくなります。予約カードを大切にもっていてくれる子もいます。たとえ短い相談時間であっても，じっくりと話を聴かなければと思っています。

　相談の日時を約束するときに，私は簡単に相談内容を尋ねるようにしています。それによって，緊急性の有無や早急な対応の必要性を判断できます。約束通りに来室しなかったときに，そのままにしておかないほうがよいケースについては声をかけ，次の日時をどうするかを話し合います。前回の相談内容が心配なもので，その後の様子を聴く必要がある場合にはそのようにしています。放置してお

かないほうがよいケースも実際にはあります。逆にそうでない場合，再度の予約があるまで待つようにしています。相談室に予約したことにより，本人の心に安心感が生まれることがあります。それによって気持ちが安定し，話さなくてもよいという心境になれるのなら，約束したこと自体が大きな意味をもつのではないかと思います。私はこれを "来室しないことの積極的意味" と考えています。

　もちろん，相談の必要性がなくなったときにひとこと伝えてもらえれば，それに越したことはありません。それは，社会生活の中では身につけておきたいルールでもあります。しかし相談室に関しては，必要になったときに思い出してもらえるのであれば，そこに存在意義が見いだせるのではないでしょうか。

コラム④　ドアノブ・クエスチョン

　ドアノブ・クエスチョンということばがあります。医療の現場でよく使われる用語です。患者さんが診察の場でなかなか言いたいことを言えず，診察室を出る直前にドアノブに手をかけながら最もききたかった質問を医師に投げかける——これがドアノブ・クエスチョンであるといわれています。それほど患者さんは診察に対してデリケートになっているということを，このことばは端的に表現しているといえるでしょう。

　医療の現場に限らず，カウンセリングの場面でも全く同じであると思います。カウンセラーは，いらした方のお話を無条件に受けとめるというのが基本的なスタイルです。何かを裁く場ではありません。そのことは常日ごろから相談者へお伝えしているつもりです。しかし，それだけで十分とは言い切れないのも確かなことです。相談室の敷居が高いということばをよく耳にします。「子どものことで相談して，カウンセラーから責められたらどうしよう」という不安を抱えながらお越しになる方にもたくさん出会ってきました。仮に責められないと思えたとしても，問題に直面化するのは決して簡単ではありません。カウンセラーは「気軽にいらしてください」とアナウンスするものの，「それでは気軽に行ってみよう」と思えないのは当然のことかもしれません。

　開口一番，「相談室には縁がないと思っていたのですが……」とおっしゃる保護者の方が先日いらっしゃいました。おそらく，その方にとっての相談室は足を運びたくない場所だったのでしょう。いらっしゃるだけでも大変なことだったに違いありません。そのようなお気持ちで，最初から質問したいことは全て出せないはずです。話したくないこともあったことでしょう。そのようなときに「どうぞ

何でもお話しください」ということばが意味をもたないのは明らかです。カウンセラーにできるのは，いらした方のお話にひたすら耳を傾けることです。そして，それがいかに難しいことであるかを，日々強く感じています。

　ドアノブ・クエスチョンであっても，最後に質問できるのはまだ救いがあるとも考えられます。それすら言えないままその場限りで去ってしまうこともあるのかもしれません。それは大変申し訳ないことです。1回だけのカウンセリングで，その後につながらなかったケースもあります。そのようなときは，自分のことばや態度などをふり返っています。1回のカウンセリングで一応の解決に至ることもありますが，こちらの気づかぬ言動で相談の場から遠ざかってしまわれないよう，常に気をつけていなければと思います。

第5章

医療機関につなぐときのポイント

抵抗感をやわらげるために

■ 1. はじめに

　学校の先生方が保護者に医療機関受診の話をされることには，ためらいが生じやすいものです。保護者にとってハードルが高い話だけに，伝えにくさがあるからです。「病院を勧めたいけれども，なかなかしづらくて……」という話を先生からよくお聴きします。そのようなときにはカウンセラーが保護者面接の中で伝えることがあります。

　保護者にとって，医療受診は決して容易ではありません。実際，どのような過程を経て医療機関につながるのかを先生方はよくご存知です。だからこそ，「心理の専門職である SC から話をしたほうが，保護者も納得しやすいのではないか」と先生方は思われるのでしょう。

　SC も，保護者に医療受診の話をするにあたっては事前に十分検討します。この章では，そのためのポイントを考えていきます。

　さまざまな保護者面接に対応する際，医療機関につないでいく必要性を感じることがあります。たとえば，子どもに精神疾患や発達上の問題があるかもしれないというケースです。保護者面接の中には，最初から保護者が医療機関の受診を希望されていて，病院やクリニックを紹介してほしいというケースもあります。そのような場合は目的がはっきりしているので，具体的な医療機関の話に入りやすいといえます。しかし，実際にはそればかりではありません。むしろ，私はそうでないケースのほうが多いように感じています。医療機関への抵抗をやわらげ，受診に至るまでのプロセスには説明と説得の努力が欠かせません。ほんのひとことで面接者と保護者

との関係性が崩れてしまう危険性もあります。そこで，面接者には慎重な対応が求められるといえるでしょう。

■ II. 医療機関に対して保護者が抱きやすいイメージ

　面接者がつなぐ医療機関の中で多いものが精神科・心療内科です。近年はメンタルクリニックという名称の医療機関が増え，以前よりも身近な存在になっています。しかし，いざ受診するにあたっては迷いが生じやすいものです。また，受診したとしても，そのことを周りに知られたくないという方も少なくありません。内科や歯科などと比べ，診察でどんなことをするのかがわからないのでためらってしまうという話を聴いたこともあります。イメージが浮かびにくいものに対して，人は不安を抱く傾向があります。まして，心の部分は目に見えないだけに，何をどのように治療していくのかがつかみづらいのでしょう。怪我が治っていくのに比べて，よくなっていく過程も想像しにくいだけに，それがわかりにくさにつながるのは無理のないことです。見通しが立たなければ，行動することにしり込みしてしまいます。人間としてはごく自然な反応といえます。

　そこで，まずは精神科・心療内科について面接者がきちんと説明できるように準備します。そのためには，面接者が医療機関をよく理解しておくことが先決です。説明する側が説明する内容をつかんでいなければ，わかりやすく伝えることはできません。当たり前のことのようですが，これは見落とされやすい点でもあります。私は医療機関にも勤務していたことがあるので多少は理解しているつもりです。それでも自分の経験の範囲内でしか話すことができません。それを全ての医療機関に一般化して伝えるには無理があります。そこで，保護者に伝える際には「あくまで私が知っている範囲のことですが……」と前置きをしています。

　精神科・心療内科をできるだけわかりやすいことばで表すと「ストレスを抱えたり，さまざまな理由で心のバランスが乱れて精神的につらくなってしまった方が，心の安定を取り戻して回復するために治療を受ける病院」という表現になるでしょう。もちろん，他にもっと適切な伝え方がたくさ

んあると思います。面接者自身が一番ぴったりくることばを探して，それを保護者に伝えるとよいでしょう。また，精神科・心療内科につなげるケースは，精神疾患が考えられるものばかりではありません。子どもに発達上の問題があるのではないかと思った保護者が，診断を目的に受診を希望するケースも数多くあります。このような点も，面接者は頭に入れておくようにします。

　精神科・心療内科の情報は，口コミで伝わりにくいという面があります。先にも述べたように，受診したことを人に知られたくないと思う人が多いからです。近年はインターネットなどで口コミ情報を手に入れることができるようになりました。しかし，投稿した人が誰なのかがわからないので，その情報を鵜呑みにすることには危険が伴います。そこで，保護者の選択の幅を広げるためにも，できる限り複数の医療機関の情報提供を行うとよいでしょう。医療機関のホームページをダウンロードしたり，パンフレットのコピーを渡せると，より具体的な説明が可能となります。「どこに行ったらよいのかがわからないのです」という声も，これまで数多く耳にしてきました。それだけに，目に見える形で情報を伝えることが受診への第一歩になります。イメージが浮かびやすくなるからです。そのときに，面接者が全然知らない医療機関については，できる限り情報提供を避けるべきです。面接者が安心できると思えるところを伝えることは責任でもあります。選ぶときに保護者が迷ったら，面接者が一緒に考えてみるのもよいでしょう。しかし，その医療機関が合うか合わないのかについては，実際に受診してみなければわからないということもつけ加えておく必要があります。相性というものは非常に説明しづらいものです。万人に好かれる人がいないように，受診した全ての人から「よかった」と評価される医療機関を探すのは非常に困難なことです。

　このように，まずは医療機関についての情報を提供することが最初のステップです。

<この節のまとめ>
保護者の不安をやわらげるためにも，まずは面接者から医療機関についての情報を伝えます。保護者が受診の判断をできるように，信頼できる複数の医療機関の情報を伝えるとよいでしょう。

Ⅲ．診断，検査，投薬への不安に応える

　いざ受診することを決断したとしても，それにまつわるさまざまな不安が保護者には起こるものです。面接者はそれらに対して丁寧に対応していかなければなりません。

　医療機関の予約のしかたがわからないという質問を保護者から受けたことがあります。受診が初めてならもっともなことです。予約の際に伝えることは，①初診であること，②子どもの学年・性別，③現在どのような状態なのか，④子どもおよび保護者の名前と連絡先などです。その他，医療機関からきかれたことがあればそれに答えればよいでしょう。以上の点を私は保護者に伝えています。その場で保護者にメモ書きしてもらうこともあります。

　初診の日時が決まれば，あとはそれに向けての準備を進めていく段階になります。保護者面接で話し合っておきたいのは「なぜ受診するのか？」という目的です。これは意外と忘れられやすいものです。診断名を求めるのか，投薬を希望するのか，子どもに検査を受けさせたいのか，さまざまなケースが考えられます。受診の目的が複数の場合もあります。いずれにしても，「何のために」という受診の目的が明確であれば医師の側も対応しやすいでしょう。受診する側のニーズを明確にすることです。「病院で一度診てもらうように言われたから来ました」というだけでは，医師も何をしてよいのか困ってしまいます。過去，そのようなケースも実際にありました。診察場面で保護者が主体的に受診できるためにも，受診の目的については事前に十分話し合っておきます。医師と良好な関係を作り，受診を円

滑に進めるためにもこの点はおさえておきたいものです。初診はそれほど大切なものであると私は考えています。

　受診にあたり，保護者が抱きやすい不安としては次のようなものが考えられます。

①　どのような診断名がつくのか？

　診断を求めて医療機関に足を運んだとしても，保護者は実際どのように診断されるのかが不安になります。「知りたくもあり，知りたくもなし」という心理といったらよいでしょう。私は，そのような不安が起こるのは当たり前であるとお伝えしています。保護者の気持ちとしてはごく自然であり，無理はありません。その気持ちにしっかりと共感し，支えることが保護者の安心感につながります。これは，面接者の役割のひとつです。また，初回で必ずしも診断が出るとは限りません。むしろ，数回の受診や検査などを通して結果が出るケースのほうが多いと思われます。その点も保護者には必ず伝えるようにしています。複数回の受診というと保護者としては不安になるかもしれません。しかし，重要なことだけに腰を据えて受診することを提案します。

　もうひとつ重要なことがあります。それは，診断を受けることだけが全てではないという点です。子どもの状態によっては，明確な診断がつかないケースもあります。「○○の疑いがある」「○○の可能性がある」としか表現できない場合もあるということです。具体的な診断名をはっきりと知りたいと思われる保護者にとっては不完全燃焼の印象があるかもしれません。しかし，これもひとつの診断なのです。受診は，明確な診断名を受けることだけが目的ではありません。それ以上に大切なことは，医学的な面からの助言を受けて，今後の具体的な対応を主治医と話し合うという姿勢です。せっかくの受診を有意義なものにしてもらいたいという思いを込めて，私は保護者にそのことを助言しています。

②　診察できちんと話せるだろうか？

　初めての医療機関，初対面の医師……このような状況で緊張するのは，決

して不思議なことではありません。未知のことに対する不安は誰もが抱くものです。仮に，待合室でたくさんの人が座っていたりすると「長い時間待ってやっと順番がきても，診察時間が短いのではないか」という不安がわき起こるかもしれません。何をするにしても，よい力を発揮するためには適度な緊張感が必要です。しかし，それが一定のラインを超えると"あがり"になってしまい，人間が本来もっている力が十分に発揮できなくなります。人前でスピーチをしたときに頭の中が真っ白になり，何を言っているのかがわからなくなったという経験をおもちの方は多いでしょう。それと似た現象が初診の場でも起こりうるのです。そのようなときに「緊張は，きちんと話そうという気持ちの表れですから，むしろよいものです。緊張してもよいので，話したいことを先生に十分伝えられるように準備しておきましょう」という面接者からのことばが保護者にとっては救いになります。緊張は決して敵ではない，という認識が必要です。

　そうはいっても，実際の診察場面で話せなくなったら困るので，保護者の方にはできるだけの準備を整えてから初診に臨んでもらうようにします。私がおすすめしているのは，初診にあたってのメモ作りです。どのようなことを話すのかを保護者面接の中で十分に整理しておくとよいでしょう。5W1Hに沿ってまとめておけば，必要なポイントは大体おさえられます。どのように伝えたらよいのかを保護者の方が迷っていたら，面接者が一緒に考えてメモを作ります。不安があれば，それを見ながら面接の中でリハーサルをしてもよいのです。メモを持参して診察に臨めば，それが保護者にとってはお守りになります。もちろん，診察ではメモを見ながら話しても構いません。保護者が少しでも安心して受診できるようにお手伝いをすることが面接者の役割です。また，緊張していると，医師から言われたことも忘れがちです。そこで，診察で聞いた内容をメモすることもおすすめしています。

③　子どもに薬をのませても大丈夫なのか？

　「子どものうちから薬をのませても大丈夫でしょうか？」「薬はずっとのまないといけないものなのですか？」「いったいどんな薬が出されるのでし

ようか？」「何か副作用はあるのですか？」など，薬に関する保護者の不安にはいろいろなものがあります。そして，どれもうなずけるものです。心療内科・精神科で処方される薬がどのようなものかがわからないことから起こる不安ともいえます。しかし，薬に関しては面接者の専門分野ではないため，答えられる範囲には自ずと限界があります。ですから，わからないことは安易に答えないほうがよいでしょう。私は，わかることについては参考意見としてお答えしつつも「詳しくは診察のときに主治医の先生におききください」と保護者に伝えるようにしています。

　また，受診したからといって，必ずしも薬が処方されるとは限りません。中には，薬を使わずにしばらく経過を見ていくようなケースもあります。薬に関する不安は，診察時に医師に話すようおすすめしています。そして，処方される際には薬に関する十分な説明を受けてほしいと保護者にお願いしています。それは，受診する側の権利だからです。服用してどれくらいの日数で薬の効果が現れるのかもきいておくと，保護者にとってはひとつの目安になるでしょう。即効性のあるもの，ある程度継続して服用しないと効果が出てこないものなど，さまざまな薬があります。それらを予備知識として頭に入れておくと，仮にすぐ薬の効果が現れなかったとしても焦らずにすみます。

　ここまでの内容であれば，面接者としても助言が可能です。

④　子どもの受診は最初から必要か？

　初めての医療機関に子どもを連れていくことへの迷いも生じやすいものです。もし，そのような不安が語られたら，まずは保護者のみで受診することを提案しています。そのためには，初診は保護者だけでよいかどうかを医療機関に確認する必要があります。可能であれば，まずは保護者が受診して医療機関の全体的な雰囲気を感じとっておくとよいでしょう。一度足を運ぶことで，安心感が得られます。そのうえで，次の受診時に子どもを伴って受診するとよいと思います。これまでに，そのようなケースもいくつかありました。子どもは保護者の不安を敏感にキャッチします。子どもが不安を抱かずに受診できるように，まずは保護者自身の不安を軽減す

ることが先決です。

　これまで述べてきたように，保護者が医療機関を受診することは，決して容易ではありません。それだけに，面接者には十分な説明能力が求められます。そのためには，面接者が説明する内容を十分に理解し，把握していることが前提となります。そのうえで，保護者が理解されているところや不明なところを確かめながらわかりやすく伝える努力が大切です。それは，保護者の理解内容を把握したうえで説明していくということになります。また，一度の説明で十分な理解に至らない場合もあります。医療機関の受診はそれだけ複雑な話だからです。私は「ご不明な点がありましたら，私に何回でもおききください」と保護者にお願いするようにしています。

> 〈この節のまとめ〉
> 診断，検査，投薬については保護者のさまざまな不安が起こりがちです。面接者はどのようなことが不安なのかを丁寧にききとり，自分の立場で答えられることはきちんと伝えるようにします。面接者が答えられないことは診察のときに主治医に質問するようおすすめします。

■ Ⅳ．受診の必要性とメリットを伝える

　面接者がどれだけことばを尽くして説明しても，保護者がなかなか受診を決断できないことがあります。そのようなときには，まずためらう理由をきくようにします。中には，じっくり時間をかけて考えたいという保護者もいます。そのような場合は，面接者が決断を迫らないようにします。「大事なことですから，ゆっくり考えていきましょう」という声かけをすることです。面接者だけのペースで進めていかず，保護者の気持ちが固まるまで焦らずに待つ姿勢もときには必要なのです。根気よく対応するようにします。また，面接のたびに保護者に意思を確認するよりも，あえて適度な間隔をおいて問いかけたほうが適切な場合もあります。保護者が「迷っ

ている」という様子が明らかなときなどは，返事をせかしていると思わせ
ない配慮が必要です。そのために，ほどほどの間隔をおくようにします。
とはいえ，あまり間が空いてしまうと，受診が「なかったこと」になって
しまうかもしれません。どれくらいの間をおくのかはケースバイケースで
す。ここは面接者の判断に任されます。保護者に受診を強制するのではな
く，あくまで自発的に動けるためのサポートをしていくことが面接者の役
目です。無理強いされたと思われると，面接者と保護者との関係がこじれ
ることにもなりかねません。あくまで決定権は保護者にあることを頭にお
きつつ，受診することのメリットを伝えるとよいでしょう。医療機関受診
を通して，医学的な面から子どもの状態を知ることができます。子どもへ
の理解を深められることが大きなメリットです。

　受診することでどうなるかという見通しを示していくこともひとつの方
法です。守秘義務に十分配慮したうえで，医療機関にかかって改善した具
体例を伝えることで，保護者が実感を伴って受けとめられるようになる可
能性があります。面接の場面でよく出てくるのは「他にも，こういう相談
ってあるのですか？」という質問です。この質問の背景には「こういう相
談をするのはうちだけではないだろうか」という気持ちがあるのです。そ
れだけ保護者は不安なのです。「うちの子どもだけではなかった」という
思いが得られれば，それが安心感にもつながります。見通しがつき，医療
機関の受診に期待できたときに行動への意思が固まっていきます。保護者
や子どものことを第一に考え，真剣に向き合って話していく面接者の姿勢
が「人を動かす」ことにつながるのです。当たり前のことですが，この点
をしっかりおさえておく必要があります。

　近年は，学校の先生と保護者との面談において受診の話が出てくること
も増えてきたようです。保護者から「うちの子は病院で診てもらったほう
がよいでしょうか？」という話をされることもあります。また，学校の先
生から受診の話をせざるをえない場合もあるでしょう。そんなときに先生
と SC が連携して対応するケースを，私は数多く経験してきました。受診
については，主に SC が心理職の立場から保護者に話をします。受診がど
のような流れで進むのかを学校の先生が理解してくださると，よりよい連

携を図ることができます。それが，保護者に対するきめ細かい対応にもつ
ながるのです。

〈この節のまとめ〉
受診の必要性とメリット，見通しを保護者に伝えることが安心感につな
がります。受診に対するイメージがわくと，受診への決断がしやすくな
ります。

コラム⑤　インタビューを通して感じたこと

　数年前，ある大学院生からの依頼でインタビューを受けたことがあります。カウンセラーを目指した動機，仕事を通して困難に感じたこと，達成感など，約２時間にわたってさまざまな質問に答えました。日ごろはなかなか自分自身をふり返る機会がなく，あらためて自分のルーツをたどっていくのはなかなか難しいものです。記憶があいまいになっていたり，適切にことばに表現できない部分も多々ありました。それでも，このような時間を持つことができたのは，私にとって大変貴重だったと思っています。過去の出来事を通して，そのときの気持ちを確かめる作業はまさにカウンセリングそのものでした。答えやすく聴くにはどうしたらよいかをいろいろと考えさせられました。

　質問のしかたには「閉ざされた質問」（クローズド・クエスチョン）と「開かれた質問」（オープン・クエスチョン）の２種類があります。「閉ざされた質問」は「はい」「いいえ」で答えられる質問です。たとえば「そのときは楽しかったですか？」ときかれたら「はい」のひとことですみます。答えやすいのですが，深まりに欠ける面があります。「開かれた質問」は「そのときはどんな気持ちでしたか？」というように，ひとことで答えられない質問です。自分の内面を見つめ，ことばを確かめながら答えていきます。深まる半面，これが続くと疲労感が生じることがあります。今回のインタビューでは，ところどころに「閉ざされた質問」が含まれていたため，私にとっては負担の軽減になりました。自分が答える側になって，あらためて気づくこともあります。それだけに，このインタビューは，これからの仕事にとても役立つ経験になったと思っています。

　最近はカウンセラーを目指したいという方が増えています。中学

校の相談室で生徒と話していても「カウンセラーになるにはどうし
たらいいのですか？」という質問をよく受けます。なりたい理由を
きくと「私自身がいろいろと悩んできたので，いずれは相談を受け
るような仕事に就きたい」と答える人が多く，これは私がカウンセ
ラーになりたいと思ったきっかけによく似ています。しかし，実際
にカウンセラーになってみると，思っていたよりもはるかに難しい
仕事であることを痛感しました。反面，自分が経験したことが全て
生かせる仕事であることも実感しています。

　どのような経験にも喜怒哀楽の感情が伴います。その感情は，人
の心にずっと残っているものです。そして，その経験を思い出した
ときにそのときの感情も同時によみがえってきます。相談の場面で
は，いらした方のつらい出来事や気持ちが語られることがよくあり
ます。そのようなときに，自分自身の経験の中から似たような出来
事がないかどうかをふり返ります。そして「あのときの，あの感情
に近いのかな」と思いながら，話をお聴きします。すると，話に対
する理解が深まり，それが相手への共感へとつながっていきます。
そのように考えると，無駄な経験は何ひとつないといえるのです。

　カウンセラーを目指している方には，いろいろな経験を積むこと
をすすめています。それが，カウンセラーとしての幅を広げること
にもなるからです。

第 6 章

保護者を面接につなげるために

つながりにくいときに，どのように工夫するか

I．はじめに

「保護者に来ていただいて話をしたいのですが，なかなかつながらない……」と悩まれている学校の先生が多いようです。保護者からの自発的な面接ではなく，学校が必要性を感じて声をかける「呼び出し面接」でこのようなことが起こりがちです。学校と保護者の思いが一致しないので，波長が合わないのです。そのまま時間が過ぎていくことに，先生は焦りを感じるかもしれません。もちろん，SC にもそのようなことがあります。そして，同じ保護者に対して先生と SC が「面接につながらない」という思いを抱いていることも決して少なくありません。

　どのようにすれば保護者が面接に来てくれるか——これはとても難しい問題ですが，そのための工夫をここで考えていきます。

II．つながらない理由

　学校から保護者に面接の提案をする理由には，さまざまなものがあります。たとえば，子どもが通常級で学校生活を送ることが厳しい，学校で問題行動を起こしてしまった，不登校が長引いている，医療機関につなげたほうがよいのではないか……など，いろいろなきっかけが挙げられます。子どものことを思えば何らかの対応を検討していきたいのですが，学校からの働きかけに保護者からの反応がないこともしばしばあります。また，面接の日時を約束しても直前でキャンセルになってしまう，あるいは連絡

なく来校されないということがあります。学校としてはとても頭が痛いところです。

　面接の準備をして待っていたものの，5分，10分経っても保護者が来ないということは，面接者であれば誰もが経験しています。連絡先がわかっていればこちらから電話をかけます。私が経験した中で多いのは「忘れていました」という反応です。うっかり忘れたということも確かにあると思います。あるいは，保護者にとって面接の重要性が低かったとも考えられます。そこで再度の予約につながれば幸いですが「また予定がわかったら電話します」と言われることがあります。このような場合，まずその後の電話はかかってきません。しばらくたって，面接者から再度電話をかけることもあります。そのときにも似たような反応であれば，残念ながら面接につながる可能性はかなり低いといえます。

　また，面接に来たものの「時間がないのでできるだけ短くお願いします」と言われることもあります。子どもの問題に向き合いたくない気持ちがあるように感じられるケースもあります。いずれにしても,「わざわざ面接に来させられた」という意識がそのような反応を生み出しているのです。

　つながらない理由には，さまざまなものが考えられます。まず，可能な限りそれを把握するようにします。先生が面接の話をされたときの保護者の反応はどうだったのか，これもひとつの手がかりになります。「仕事が忙しくて平日はなかなか休めなくて……」「話を大げさにしたくないので……」「もう少し様子を見てから考えたいので……」「子どもに知られたくないので……」このような理由で面接に至らないケースが多いように感じられます。実際，面接の時間がとれないということもよくあります。断定はできないのですが，比較的多くのケースに共通していえるのは，保護者が抱く"面接への抵抗感"です。初めて経験することに抵抗を感じるのはもっともです。ためらう気持ちを率直に表現してくれるとありがたいのですが,保護者の立場からするとなかなか本音が言えないものです。それも，うなずける心理です。

　保護者としては，何らかの決断を迫られるのではないかと思うと面接への抵抗感が生じます。状況を変えずに，もう少し様子を見たい気持ちがそ

こにはあるのです。「学校側が気にしている子どもの状態というのは，一時的なものにすぎない」「これまで何とかやってきたのだから，これから先も大丈夫だろう」と保護者がとらえたい心理は自然なものです。その気持ちにこちらが理解を示しつつ，保護者に来てもらう方法を考えるには，ある程度の時間を要します。とにかく面接に来てほしいという一点張りになると，保護者としては押しつけられた不快感が生じます。「大切なお子さんのことだからこそ，ご一緒に考えて話し合っていきたい。学校から何かを強制する場ではない」という面接者の気持ちを十分に伝え，納得してもらうことがポイントになります。

　人は誰でも「自分の意思で行動したい」という気持ちを抱いています。人から動かされるのではなく，自ら主体的に動きたいと思う傾向があります。面接者はそのような保護者の気持ちを尊重し，自発的に動けるための工夫をしていきます。面接者の地道な努力と根気が求められるのです。

〈この節のまとめ〉
保護者が抱く「面接への抵抗感」がつながらない理由として考えられます。主体的に動きたいという保護者の気持ちをまずは尊重し，保護者が自発的に動けるための工夫を心がけることがポイントです。

Ⅲ．つなげるための工夫

①　時を味方に根気よく働きかける

　保護者が面接に来られない理由についてふれました。それを知ることが，保護者とつながるための第一歩になります。来られない理由がなくなれば，面接に来ることができるかもしれません。平日に面接の時間がなかなかとれないという保護者に対して，学校の先生が平日の遅い時間や土日の面接を提案されることがあります。それをお聴きするたびに，私は頭がさがる思いがしています。そのような時間設定で，実際に面接につながった

ケースもありました。しかし，先ほど述べたように，時間がとれないことが本当の理由ではないという場合もあります。そのような場合は，こちらから面接可能な時間を提案することによって「行かなければいけない」と保護者から思われるかもしれません。保護者が追いつめられた感覚になると，残念ながらせっかくの面接が有意義なものにはなりません。選択肢を伝えながらも，面接に来るかどうかの最終的な判断は保護者に任せるようにします。仮に保護者が「面接には行かない」という道を選ばれたとしても，少なくとも提案したこちら側の熱意は感じていただけると私は思います。それを何回かくり返す中で，面接に至ったケースもあります。時を味方に，根気よく働きかけることもひとつの方法です。

　「話を大げさにしたくない」「もう少し様子を見てから考えたい」という理由が保護者から語られたときは，少なくともその時点では面接に乗り気ではない気持ちがうかがえます。自分の子どもについて何らかの問題意識を感じていても，面接までしばらく時間がほしいのでしょう。様子を見る中で，子どもの状態がよい方向にいけばそれに越したことはないという願いがあるのかもしれません。大げさにしたくない気持ちの背景には「多分，大したことではないだろう」という保護者の希望的観測が含まれていることがあります。しかし，いずれにしても保護者が面接を望まれるタイミングではないのは明らかです。やはりここでも無理強いはせず，一度は「わかりました」と言って引いたほうが無難です。それは，保護者との関係を悪化させないために必要なことです。ただし，そのようなときでも「お子さんのことは心配なので，また声をかけさせてくださいね」と面接者がひとことつけ加えておくことは必要です。「状況を放置しない」というこちらの姿勢を保護者に示すことです。

②　守秘義務を丁寧に伝え，安心してもらう
　時々耳にするのは「面接に来たことが子どもに伝わるのですか？」という保護者の不安です。保護者が面接することを嫌がる子どもがいるのも事実です。この点については，面接の守秘義務を丁寧に説明します。「保護者の方の許可がなければ，お子さんに伝えることはありませんので大丈夫で

すよ」などとお話しすると，たいていの場合は保護者が安心されます。面接者と保護者の信頼関係のうえに面接が成り立っていることを認識してもらいます。

　また，SCが行う面接の場合に「面接に来た姿を子どもに見られたくない」という話を耳にすることがあります。そのようなときは，子どもがクラスで授業を受けている時間帯に面接を行うように時間設定をします。面接の始まりと終わりが休み時間に重ならないように注意します。子どもに保護者の姿が見られないように配慮するのも，ひとつの守秘義務といえます。

③　面接者の誠実な姿勢を示す

　面接することによって，果たして本当に問題が解決するのだろうかという疑問も，保護者は抱きやすいものです。「以前面接したことがあるものの，状況が何も変わらなかった」という経験をもつ保護者もいます。面接が効果的なのかどうかという疑問にどう対応するのかは，とても難しいといえるでしょう。面接によい印象をもたない保護者に対してはとくに，面接者は安易な保証を避けなければなりません。そのときの対処法として，このような伝え方が考えられます。「面接することに意味があるかどうかという疑問はもっともです。いらした方の問題が解決できるかどうか，残念ながら私は断言することはできません。解決できるとお答えして，もしそうならなかったら信頼関係が崩れてしまうからです。もちろん，解決できるように努力します。そのことはお約束します。よろしければ，まず一度いらしてみてください。そのうえで，面接を続けるかどうかをご判断くだされば と思います。少なくとも，来てよかったと感じていただけるような時間になるよう最善を尽くします」。他にもさまざまな表現方法があると思いますが，大切なのは面接者の誠実な姿勢を保護者に示すことです。

　保護者が面接につながるのは，決して容易なことではありません。むしろ，難しいものなのだと心得ておいたほうがよいでしょう。面接に足を運ぶことにより「なにかの決断を迫られるのではないか」「面接で叱責されるのだろうか」などと保護者から思われるかもしれません。いかに保護者の

抵抗感をやわらげたとしても，不安をゼロにすることは困難です。保護者面接は日常的に行われるものではないからです。"非日常の空間"と表現することもできます。保護者は構えてしまいがちなのです。声をかけてすぐに面接に結びつかなくても，無理はありません。それだけに，面接者の誠実さを示すことが必要となるのです。

④　単純接触効果を生かす

　面接につながりにくい当の保護者と学校の中で偶然顔を合わせる機会も，学校の先生にはあると思います。私自身もよくあります。そのときは，こちらから気持ちのよいあいさつをして好意的な関係を築くようにします。実はその積み重ねが大切なのです。人間の心理状態には「単純接触効果」というものがあります。これは，同じ対象をくり返し見たり聞いたりすることで好意的な関係が形成されるというものです。つまり，接点が多くなると相手に対して親しみを感じやすくなるのです。そのような人間の性質を生かし，相談への前段階として保護者との接点を意識的にもつとよいでしょう。それが結果的に心理的距離を縮めることになるからです。「この人なら相談しても大丈夫だろう」と保護者に思ってもらえたら，面接への第一歩を踏み出すことになるかもしれません。学校の先生であれば，日常的に保護者との接点がたくさんあるはずです。それを十分に生かすことが保護者を面接につなげるチャンスにもなるのです。

　私はSCとして週に1回，担当する学校に勤務しています。限られた時間の中で保護者との関わりをもつために，学校の先生に協力していただく場面も数多くあります。

　たとえば，学校の先生からSCを紹介していただき，その場でまず保護者と顔合わせをする方法があります。担任の先生と保護者が話をされているときに，たまたま私が通りかかる場面などがそのきっかけになります。担任の先生が「ちょうどよかった。先ほどお話したSCの先生です」と保護者に紹介してくださいます。そのときはあいさつだけにとどめておき「いつでも相談室にいらしてください」とお伝えします。その後，面接の予約が入ってつながることもあります。SCの姿を実際に一度見ることで，面接

への抵抗感が薄れるという効果も期待できるのでしょう。意識的に接点を
もつことの大切さを日々感じています。

　接点という意味では，授業参観日を活用することにも大きな意味があり
ます。授業参観には多くの保護者が来校されます。そのような日には，私
はできる限り多くの教室を見て回るようにしています。教室での子どもの
様子を見ることはもちろんですが，そればかりではありません。SC を多く
の保護者に知っていただく機会にもなるからです。ネームストラップをつ
けて校内を歩いているときに，「スクールカウンセラーの先生ですか？」と
声をかけられることもありました。保護者の方が関心をもってくれたので
すから，これは願ってもないチャンスです。相談に対して何らかのニーズ
をもっていることも多いのです。そのようなときには私はきちんと自己紹
介をし，相談室の開室日や時間なども伝えます。その場では，相談内容を
聴かないようにします。そこで話が始まってしまうと，近くにいる保護者
の耳に声が届いてしまうかもしれないからです。そうなると守秘義務を保
てなくなります。そこで，保護者が具体的な話を始められたら「それはと
ても大切なお話ですから，ぜひ一度詳しくお聞かせください」と伝えて面
接の予約を提案します。その場で，それ以上話が進まないようにします。
そのような配慮も，ときには必要になります。学校の先生にとっても，授
業参観は保護者との接点をもてる貴重な機会になります。また，授業参観
の後に保護者との懇談会が組まれていることもあると思います。懇談会は，
保護者とことばを交わすよい機会です。それが保護者面接への下地作りに
もなるのです。これらは全て単純接触効果を生かした工夫です。

　私自身，面接に至るまでに半年，一年かかったケースがあります。焦ら
ないことがポイントです。保護者とつながるには，日ごろの関係性がベー
スになります。一般的に，人間関係ができていない状態で説得が成功する
ことは少ないといえます。面接に結びつけるのも，ひとつの説得です。面
接者が「あの人の言うことだったら耳を傾けてみよう」と保護者に思って
もらえる努力をするということです。ニーズがない保護者にニーズをもた
せるというよりも，異なる視点で子どもを見つめるきっかけを伝える場を
設ける，それが保護者面接です。面接者にとってはとても大変な作業です

が、根気よく忍耐強く取り組んでいくことです。

> 〈この節のまとめ〉
> 保護者を面接につなげるための工夫として、①時を味方に根気よく働きかける、②守秘義務を丁寧に伝えて安心してもらう、③面接者の誠実な姿勢を示す、④単純接触効果を生かす、の4点が挙げられます。

IV. つながったときの対応

　気が進まないながらも保護者が面接に来られたら、まずは時間を調整して来てくださったことに感謝の気持ちを述べるとよいでしょう。導入の話題としては、子どもが最近頑張っていることなどポジティブな内容が適切です。それが「アイスブレーキング」になり、その場の雰囲気がほぐれます。しかし、そのあとに突如「実は気になることがありまして……」と切り出すと、せっかくの導入が台無しになります。舞台が暗転するようなものです。ここは表現の工夫が必要です。「お子さんのよいところがたくさんあると思います。そこで、さらにお子さんが伸びていくためにご一緒に考えたいポイントがいくつかあります。それをこれからお話してもよろしいですか?」などと伝えると、導入の話題とスムーズにつながります。論理的に飛躍やずれがなく、無理なくその後の話を展開することができます。

　そのための準備として、保護者の抵抗をやわらげることばを日ごろから集める努力をすると、いざというときに生きてきます。私は「自分なら、どのように言われたら耳を傾ける気持ちになるだろうか」と常に考えています。そのときに「肯定的に」「明るく」「快く」がポイントになると思います。つまり"感じよく表現する"ということです。その根底にあるのは、保護者を大切に思う面接者の人間性です。その気持ちが保護者に伝われば、話を聴いてみようという気になってもらえると、私は確信しています。

〈この節のまとめ〉
保護者が面接につながったら，まずは来られたことへの感謝の気持ちを
伝えます。そして面接では「肯定的に」「明るく」「快く」をポイントに，
感じよい表現に努めます。

コラム⑥　喜怒哀楽の表現を大切に

　昭和40年代に「チビラくん」という特撮コメディドラマが放映されていました。ノンビリとした番組で，特撮といっても手に汗握るという内容ではありません。チビラくんは，独特な家に住んでいました。家の形は立方体で，壁には丸い窓が整然とつけられています。宇宙人が住む家としては，全く違和感がないイメージでした。子どもながらに，この家が強い印象として残っています。

　「チビラくん」の放映が終了してから数年後，車で家族旅行に出かけました。帰りに高速道路から外の景色を眺めていると，かつてテレビで見ていたチビラくんの家が小高い丘に立っているのが目に入りました。そのときの驚きは今でもよく覚えています。テレビの中の世界だと思っていたものが現実に目の前に現われ，「えっ！？」という，信じられない思いでした。その後も何度か見る機会があり，その度に私は「チビラくんの家だ！」と声を上げていました。

　それから何十年も経ってから知ったのですが，この家は実際に人が住んでいて，テレビのロケ地として使われていたようです。4つの壁に25個ずつ窓がついていたことから「百窓の家」とも呼ばれていたそうです。ユニークなデザインなので，他の番組でも使われたことがありました。果たして，家の中はどのような間取りだったのでしょう。後年，住んでいた人は転居し，「百窓の家」は取り壊されました。親しみをもっていたものが姿を消すのは，とても残念な思いがします。

　子ども心にある「驚き」は大切だと思います。大人になって子をもった今では，知っている場所がテレビに出てきたときに，同じ番組を隣りで見ている子どものほうが歓声をあげることがよくあります。淡々と眺めている私とは異なった反応をするのです。

　学校の相談室で児童・生徒の皆さんの話を聞いていると，感情がストレートに出ていることをよく感じます。とくに子どものうちは，遠慮せずに出せる場で，思い切り感情を出してみることも必要です。そのような経験を通して，感情をコントロールする力を少しずつ身につけていくのでしょう。そのためにも，まずはカウンセラーがどっしりと相手の感情を受けとめることが欠かせないのだと思います。

中断した面接への対応について

■　I．はじめに

　保護者面接は1回で終わるとは限りません。内容によっては，継続して行われることもあります。その際には，定期的に保護者に来てもらって面接を行います。保護者，面接者ともに負担がかかりますが，じっくりと面接に取り組んでいく必要があります。放課後に，先生が保護者と面接をされている場面を私もよく目にします。そのような積み重ねはとても大切なものです。

　一度始まった保護者面接が定期的に続けばよいのですが，実際にはそのようなケースばかりではありません。さまざまな理由で，保護者が来校できなくなるようなことも起こります。カウンセリングでは，これを「中断」と言います。中断によって，問題解決が一時ストップします。そのようなときに面接者がどのように保護者に関わっていけばよいのかを考えていきます。

　面接が終わったときに「次の日程がまだわからないので，またはっきりしたら連絡します」と保護者から言われることがあります。また，予約していた面接のキャンセルの電話が入ることもあります。そして「次の予定はまた電話します」ということばがあるものの，その後の連絡が途絶えてしまうパターンがあります。このようなときに面接者は「どうしたのかな？」と疑問を抱きます。しかし，面接をふり返ってみると，中断のきっかけとなる原因が見つかることがあります。保護者の方がはっきり理由を言わずに面接から遠ざかるような場合，面接者はさまざまな仮説を立てて

その理由を検討します。できれば，あまり間隔があいてしまわないうちに何らかの対応をしていけるとよいでしょう。中断にはいろいろな理由があります。それをふり返って考察することはとても大切です。そのいくつかをここで考えてみます。

■ II．保護者面接が中断する理由

① 面接者とのラポール（よい人間関係）が十分ではない

保護者とのよい関係性を築くことが面接の成否に大きな影響を及ぼします。面接者，保護者ともに白紙の状態で向き合えることが望ましいのですが，それを妨げるようなさまざまな要因が存在します。保護者の側からすると，面接者に対する事前情報が耳に入ったりすると，先入観を抱いてしまうことがあります。特にそれがマイナスの情報であれば，面接者に好感をもてなくなるかもしれません。

逆に，面接者が保護者に対して同じような気持ちになることもありえます。つまり，事前情報などによってネガティブな感情を抱いた状態での出会いになってしまうということです。そのような面接者の心理は，何らかの形（言語・非言語を問わず）で保護者に伝わってしまうものです。第一印象はとても大切です。ネガティブな関係性からスタートすると，それを修正していくには大変なエネルギーを要します。面接者の姿勢としては，保護者についての事前情報が頭にあったとしても，できるかぎりそれを排除していけるとよいでしょう。それは，保護者を色眼鏡で見ないことにもつながります。ラポール形成を妨げる要因を少なくするための意識的な努力です。

しかし，白紙の状態で保護者と出会い，次第にラポールが作られたとしても何らかのきっかけでそれがネガティブな方向に変化してしまうこともあります。その原因のひとつが「ことばの行き違い」です。

私にも苦い経験があります。あるとき保護者から面接をキャンセルしたい旨の電話が入り，「また電話します」と保護者がおっしゃったそうです。私はそれを伝言の形で知りました。ところが，その後連絡がありません。

しばらくたって，私からその保護者に電話をかけたところ「電話を待っていたのに，かかってこなかった」と言われました。保護者の怒りがおさまらず，面接が中断してしまったのです。このような場合「また電話をいただけるとのことでしたので，お待ちしていたのですが」などと言って誤解を解こうとすればするほど，関係が悪化する危険性があります。まずは事実関係を明らかにするよりも，不快に思わせてしまったことについては謝罪したほうが無難です。そして，保護者の怒りがおさまったところで「実は○○とうかがっていたのですが，私の聞き違いだったのかもしれませんね」と話せば，まだ聴いてもらえる余地があります。ここでは保護者に非を感じさせないような表現を工夫します。「言った言わない」というやりとりは，関係をこじらせる原因になります。そうはいっても，早い段階で事実関係をはっきりさせないといけない場面もあります。そうでない状況であれば，「不快感を抱かせた事実」について面接者から先にお詫びをすると，まだ関係も修復しやすくなります。

　つまり，面接者が保護者よりも低い姿勢で臨むということです。これを「ワンダウン・ポジションをとる」といいます。相手との関係性において，こちらが一歩へりくだった姿勢をとることです。面接に対する保護者の抵抗をやわらげる目的で効果的に活用できると，関係性の修復に役立つことがあります。

　②　面接に来る意味（価値）を感じない
　これも中断する理由になりやすいようです。「ニーズに合わなかった」という言い方もできます。そのひとつに「面接者から具体的なアドバイスがほしかったのに，面接でそれを聞けなかった」ということが挙げられます。
　カウンセリングにおいて傾聴は大切で，それがないと面接が成り立ちません。しかし，それだけでは保護者が満足しないことがあります。特に忙しい保護者の場合，面接にたびたび来ることができません。「How To を聞きたい」「できれば1回ですませたい」という保護者の要求があるかもしれません。面接に来た意味を感じてもらえるような"おみやげ"を手渡す意識も，ときには大切です。そこを適切にくみとらないと，面接者と保護者

との間にペースのずれが起こります。それが保護者にとってはひとつのストレスになるのかもしれません。「ぜひ，じっくりと考えていきましょう」と面接者が話したときに「忙しいのでそんなに時間はかけられません。時間がかかるなら，もういいです」と保護者が感情的になってしまうと，その時点で面接は中断します。

　もともとカウンセリングはある程度時間がかかるものです。面接者との対話を通して，保護者が解決策を自ら導き出せることが望ましいのです。しかし，実際はなかなかそのようにはいきません。「すぐに役立つアドバイスだけが欲しい」など，即効性を求められる場合があり，面接者としては悩むところです。カウンセリングに対するイメージに相違があると，このようになりかねません。一問一答形式のガイダンス的なものを保護者がイメージしているとすれば，じっくりと聴くスタイルのカウンセリングは，保護者にとってじれったく感じられることでしょう。

　保護者から「どうしたらいいですか？」と重ねてきかれたときは，保護者が先を急いでいる可能性があります。あるいは，面接者からアドバイスが得られない苛立ちがあるかもしれません。大変難しいのですが，そのようなときは何らかの返答をしたほうがよいでしょう。私は「これまでお聴きした範囲で考えると○○です」と，断定的なものではないことを前提にして話をしています。保護者からこれまでに得た情報（話）をもとにしたアドバイスであることを理解してもらうようにしています。そのときに「情報が少ないので……」という表現は避けたほうが無難です。アドバイスが適切でなかったときの言い訳にきこえてしまうからです。「少ない情報をもとに仮説を立てていけるのがプロではないか」と保護者から思われてしまうこともあります。

　保護者から求められたら，面接者はできるかぎりのアドバイスができるような努力をします。アドバイスを保留にしないということです。また「もう少しお話をおきかせいただけると，異なった視点から考えられるかもしれません」という予告をすると，それが次の面接への動機づけになることもあります。しかし，どれだけじっくり聴いても保護者にとって満足のいくアドバイスができる保証はありません。そのときに最善を尽くすしかな

く，それが面接者に求められる姿勢ともいえるでしょう。

　これが全てではありませんが，このような理由で保護者面接が中断することがあります。一度面接が中断すると，再開するまでには時間がかかります。焦らず，じっくりという気持ちで面接者は具体的な対応を考えていきます。

〈この節のまとめ〉
保護者面接が中断する理由としては，①面接者とのラポール（よい人間関係）が十分ではない，②面接に来る意味（価値）を感じない，などが考えられます。

■ Ⅲ．面接が中断している保護者へのアプローチ

　ここでは"面接が中断している保護者にどのようにアプローチするのか"という点に絞って考えます。面接にしばらく行っていないということは，保護者も認識しているはずです。そのような状況で面接者から連絡が入ると，場合によっては保護者が圧迫を感じてしまうかもしれません。また，保護者が身構えてしまうこともあるでしょう。

　それをやわらげることばを面接者の側からかけていくことが先決です。電話をかけてつながったときは，まずその喜びを面接者が伝えるとよいでしょう。連絡がとれてうれしいという気持ちを率直に表現すると，保護者の構えがとれていくことも期待できます。保護者を面接に来させるために連絡したのではないことを理解してもらえるかもしれません。それだけに，私は保護者につながったときの第一声をつとめて明るく発するように心がけています。

　そして，保護者が今話せる状況であることを確かめたうえで，面接者が電話をかけた理由を話します。面接の間隔があいてしまい，気になっていたことを伝えるとよいでしょう。この際も，保護者に罪悪感やうしろめた

さを感じさせないようなことば選びが必要です。「しばらくお会いできていなかったので，心配していました」という面接者の気持ちを飾らずに表現することがポイントになります。「私」を主語にした「Iメッセージ」で語ることです。そのことばに対して保護者からもさまざまな話が出てくることが予想されます。そこでは，じっくりと耳を傾けるようにします。面接に来られなかった理由を保護者が正直に話してくれるかもしれません。まずは，保護者の話をそのまま受けとめます。面接者は傾聴に徹します。

連絡がとれた際には，最初から深入りする必要はありません。面接が中断している保護者に連絡する目的は，まず"つながる"ことです。もちろん，面接予約に結びつけばそれに越したことはありません。ここでは，面接者が保護者を忘れていないことが伝わればそれで十分であると私は考えています。また，話す時間は短くても構いません。むしろ，最初の電話は短いほうがよいかもしれません。最後は「またお電話させていただきますね」ということばでしめくくります。

このような連絡を定期的にくり返す中で，保護者との間に一定の心理的距離を保つことができます。もちろん，それだけでは面接再開に至らないこともたくさんあります。しかし，それ以上保護者との心理的距離があいてしまうのを防ぐ効果を期待できます。会えなくても"つかず離れず"のほどよい関係を維持できれば，何らかのきっかけで面接再開につながる場合もあります。あるいは，面接者が保護者を忘れていないというメッセージを送り続けるという見方もできます。面接者から連絡がないことで「見捨てられたのではないか」と不安になる保護者もいます。連絡をする中で，予期せず保護者から大切な話が出てくることもあります。そのようなときは「そのお話，じっくりとお聴きしたいです。少しでもお時間をいただけると助かります」と伝えると，そこから面接につながることがあります。もし「今は忙しくて……」という反応であれば「わかりました。いつでもお待ちしています」とあっさり引きさがることも，ときには必要です。

そのようなアプローチを積み重ねつつ，同時にそれまでの面接をふり返っていけるとよいでしょう。何の理由もなく面接が中断することは少ないものです。もし，何らかの理由を見いだすことができたら，それを仮説と

してとらえておきます。すぐに確かめられなくても，面接者の頭の中にその仮説をとどめておきます。中断ケースへの対応は難しいのですが，まずは面接者から連絡をとることが第一歩です。間隔があいたまま面接が自然消滅しないように留意します。細く長くつながっていくという意識で中断ケースに臨むようにします。ここでも，焦らず根気よく取り組みます。

〈この節のまとめ〉
面接が中断したケースは，つかず離れずの距離を保ちながら，面接者が細く長く保護者とつながることを心がけます。

コラム⑦　浴衣姿の少女と母親

　ある日の夕方，私は地下鉄に乗っていました。途中の駅で，浴衣姿の少女と母親が乗ってきました。少女は小学3～4年生くらいでしょう。母親はきちんとした服を着こなしています。この日は花火大会でもあるのでしょうか。いつになく浴衣姿の乗客をたくさん見かけました。

　親子で花火を見に行くのは，さぞかし楽しいひとときになるのでしょう。その親子は私が座っている席の前に立っていました。途中，電車が揺れたときに少女はバランスを崩したのか，ほんの少し足が開きました。その途端,母親は「足を開くなって言ってんだろ！！」といきなり怒鳴りつけました。あまりの迫力に，思わず私は見上げてしまいました。とても怒鳴り声を上げるような母親には見えなかったからです。足を開くことで浴衣が着崩れるから怒ったのかもしれません。少女はしょげたように吊革につかまっていました。

　浴衣が着崩れたら，またなおせばいいのに……と思うのは，私が他人だからかもしれません。しかし，足元が不安定になって倒れるほうがよほど危ないのではないでしょうか。怒られたあとで，果たしてこの子は花火大会を楽しむことができるのだろうかと，私は気になっていました。

　楽しい出来事があると，子どもは興奮しやすくなります。テンションが高くなって，はしゃいだりすることも多くなりがちです。それを大目に見ていられたらよいのでしょう。度を過ぎたときに，親の立場からするとつい注意したり，たしなめてしまうことがあります。私にもそういうことがあります。「子どもだからしかたないじゃないか」と後になって思うのですが，そのときは感情にまかせて叱ってしまいます。叱られて元気をなくしてしまった姿を見ると後

悔します。そのようなことのくり返しです。電車で見かけた出来事
は，私自身の姿にも通じています。そのようなことを考えさせられ
ました。子どもはさまざまなことに楽しみを見つけます。子どもが
喜んだり，楽しんでいるときには，できるだけ水をささないように
見ていきたいものだと感じます。

第8章

難しいケースへの対応

Ⅰ. はじめに

　保護者面接は大変難しい，というのが私の実感です。こちらがイメージしていたようにはいかないことが多いからです。それは，私の力不足も大きな原因です。それに加え，さまざまな要素が重なり，面接で苦心する場面が生じてしまいます。私が学校の先生方と接する中でも，そのようなお話をよく耳にします。ここでは，学校での保護者面接で難しいケースを取りあげて，その対応方法を考えます。

Ⅱ. 要求が高く，感情的になりやすい保護者

　面接者に対応困難な要望（要求）を語り，それが叶えられないときに保護者が攻撃的になる面接は，多くの方が経験されていることでしょう。とりわけ，父親がこのようなスタンスで臨んでくると，面接者は圧迫されたような感覚に陥ります。面接者が保護者から一段低く見られているということもありそうです。

　そのような場面で冷静に対応することは大変難しいのですが，相手から発せられる感情の渦に巻き込まれないようにすることがポイントです。そして，なぜこのような要求が出てきたのかを考えてみます。ひとつは保護者が「困っているから」という理由が挙げられます。困っているから何とかしたいと思い，結果的に無理な要求をするという行動につながるのです。

切羽詰まると，人間はどうしても気持ちのゆとりを失います。すると，今自分が話していることを客観的に見られなくなります。要求が無理なものであることを知らずに保護者が話しているのか，あるいは知っていて話しているのかはケースバイケースでしょう。実際にはどちらの場合もあり得ます。

　面接者としては，保護者の困っている感覚に目を向けて向き合うことがポイントです。「困っていて，このようにしかコミュニケーションがとれない」という現実があるのかもしれません。そこを理解しつつも，現実的にできることとできないことを面接者から伝えていきます。表現のしかたには工夫を要します。保護者に期待をもたせてしまい，その期待通りにならないと思わぬトラブルになりかねません。「～ができるかもしれません」と面接者から伝えたことばが「～できる」と保護者に受けとられるケースがあります。「かもしれません」がカットされた形で保護者に伝わるのです。訂正しようとしても「あのとき，こう言ったじゃないですか！」と保護者から言われてしまうと関係の修復が困難になります。面接者としては理不尽さを感じ，ストレスを受ける場面です。

　また，面接者があまりにも否定的な表現をすると「この人は通りいっぺんで，私の気持ちをわかってくれない」と感じさせてしまうかもしれません。「～がないと～できない」という否定形よりも「～があると～できる」という肯定形のほうが，同じ事実を語るのでも保護者の受ける印象が変わってくるのです。窓口などで「印鑑がないと手続きができません」と言われるよりも「印鑑があると手続きができます」と言われるほうが，否定された印象が薄れることがあります。それと同じです。こちらができること，できないことを可能な限り具体的に伝え，理解してもらうための努力をします。そして，面接の最後に伝えた内容を再度確認し，認識のずれがないようにします。できない要求については「ご希望に沿えなくて申し訳ありません」とお詫びしつつも，保護者の圧力に押されることがないように話す内容には一貫性を保つようにするとよいでしょう。面接者が揺らがないことです。

　要求が高い保護者の中には，早口でまくし立てるように話す方もいます。

そのような場合，面接者がゆっくり受け答えをすると，保護者を苛立たせる可能性があります。ある程度，保護者の話し方に合わせることもポイントです。会話において相手の話の速度，声の大きさ，表情などに合わせて話すことです。これを「ペーシング」といいます。ペーシングとは，相手のペースに合わせるという意味です。

　このような対応をしても，確実にうまくいくかどうかは残念ながら断言できません。保護者のパーソナリティやそのときの状況により，思うようにいかないこともあるでしょう。しかし，少なくともそれ以上状況を悪化させることは防げるはずです。

〈この節のまとめ〉
要求が高く，感情的になりやすい保護者への接し方としては「保護者の困っている感覚に目を向けて向き合う」「肯定的な表現を心がける」「ペーシングを意識する」を頭におきます。

■ III. 同時に複数の対応をしなければならない面接

　面接は一対一で行うことが基本です。そのほうが話に集中できるからです。しかし，ケースによっては同時に複数の対応をしなければならないこともあります。保護者が 1 人ではなく複数で来られるケース，あるいは保護者面接に子どもが同席するケースなどは典型的な例といえるでしょう。面接者は通常の面接以上に神経を使います。そのための対応方法について考えていきます。

① 保護者が複数の面接
　保護者面接は，母親が来られることが多いのですが，複数の場合もあります。父親，祖父母など家族によってさまざまなパターンがあり，面接者としてはいささか負担を感じる場面です。

　あらかじめ複数であることがわかっていたら，心の準備ができます。しかし，当日ふたを開けてみたら複数だったということもあります。私にも経験があります。面接に来るのは母親のみときいていたものの，実際には両親で来られたり，母親のきょうだいが同席したりと，いろいろなパターンがありました。内心驚きを感じつつも，まずは時間を調整して面接に来てくれたことをねぎらいます。そのうえで，一緒に来られた方に理由を尋ねると同席の目的がわかります。私はよく「今日はご一緒に来てくださったのですね」というシンプルなことばを使います。すると「たまたま休みがとれたので，話を聴きに来ました」「母親だけではうまく話せる自信がないというので，一緒に来ました。足りないところを補足します」などと言われます。それを頭においたうえで面接に入ります。

　主として話をするのが母親だとしても，話を聴きながらできる限り全体に目配りをするように面接者は心がけます。そのようにしないと，同席している方におき去りにされた気持ちを抱かせてしまいます。面接者から無視されたと思わせては，「せっかく来たのに……」「これなら来なければよかった」という気持ちになりかねません。それでは面接の効果が薄れてしまいますので，面接者は十分に気をつけます。そして，母親の話に対する同席者の表情や反応をよく見るようにします。うなずいて聴いている方は同意見，そうでない反応を示している同席者は異なる意見であることが推測できます。しかし，実際にはきいてみないとわかりません。母親の話がひと区切りしたところで，私は必ず「これまでお話をお聴きになって，いかがでしたか？」と問いかけます。同席している方の意見には，しっかりと耳を傾けます。そして，そのときには母親の表情や反応にも注目します。

　このような場面では，面接に参加したという意識を全員にもってもらえることが重要です。同じ時間を共有したと思ってもらえるように，面接者はコーディネーターとしての役割も果たすのです。最後には「今日，いらしていかがでしたか？」と感想をきくとともに，再度ねぎらいのことばをかけるとより一層効果的です。複数で面接に来られるというのは，ひとつの熱意であるというとらえ方もできます。子どもの抱える問題を解決するために日程を調整されるのは，決して簡単なことではありません。対応す

る面接者の負担は大きくなりますが，来られた方一人ひとりを尊重する姿勢で面接に臨みたいものです。その姿勢は，必ずや保護者に伝わると私は思っています。

②　子どもが同席の面接

　保護者面接に子どもが同席するということもあります。保護者や子どもの希望でそうなる場合もあれば，やむをえない事情（子どもを家においてこられないなど）で同席するという場合もあるでしょう。このような面接は，メリット・デメリットの双方があります。

　メリットとしては，面接の場で親子のコミュニケーションのあり方や親子関係を垣間見ることができるという点が挙げられます。日常生活とは異なる空間で，日ごろの親子関係がそのまま現れるとは限りません。しかし，面接場面である程度把握することは可能です。そこから，子どもへの接し方に関する新たな助言を面接者は考えることができるでしょう。親子の間でやりとりしている間，私はできるだけ介入を控え，静かに見守るようにしています。面接者が不用意に関わることで，二者関係が三者関係に変化してしまいます。すると，面接者への依存が生じることがあります。わかりやすい例で考えてみましょう。親子で話していて感情的になったときに，どちらか一方が「先生，何とかしてくださいよ」と頼ってくるような場合です。ここで面接者が即座に介入すると，ことあるごとに面接の中で助け舟を出さざるをえなくなります。本来，面接者がいなくても，親子間のやりとり（二者関係）で話し合いが進み，問題解決に至ることが理想です。ですから，私は頼られても「もう少しお二人で話を続けてみましょう」とまずは促すようにしています。もちろん，あまりにも話がこじれてしまったり，論点がずれてきたときの介入は必要です。客観的に話を聴きながら，軌道修正を図るのが面接者の役割です。三者関係で面接を行うメリットを，そのように生かしていけばよいのです。そうはいっても，ときには，面接者が中継ぎをしないと全く会話ができない親子にも出会います。そのような場合は介入せざるを得ません。面接者は，親子で会話ができるようなサポートをします。それも私は必要最小限にとどめるようにしています。

　デメリットとしては，自分以外の家族が同席することによって「話せない内容が生じる」という点が挙げられます。これは容易に想像がつくと思います。保護者であれば子どもに聞かれたくない話，子どもであれば親に聞かれたくない話が当然あります。それを面接者があらかじめ予測できるようであれば，同席の面接場面においてはその話題にふれないような配慮が必要です。そして，同席でない場であらためてその話題を取りあげるようにします。しかし，ときには予測できないこともあります。面接中に思いがけないところで話しづらそうな様子が感じられたら，さりげなく話題を変える工夫も面接者としては心がけたいものです。同席者に聞かれたくない話は，大切な内容であることがよくあります。後日，個別の面接のときに「あのとき，話しづらそうに感じられましたが……」と面接者から問いかけて，その理由を把握できるとよいでしょう。より一層，相手への理解が深まります。学校での面接では，どちらか一人に席をはずしてもらうことが物理的にできないこともあります。それだけに，臨機応変な対応は大変難しいといえます。あらかじめ起こりうる事態をシミュレーションし，できる限りの準備をしておくと慌てなくてすみます。

> 〈この節のまとめ〉
> 保護者が複数の面接においては全体に目を配り，全員が面接に参加した意識をもってもらえるようにします。子どもが同席の面接においてはメリットとデメリットを頭におき，可能なかぎり臨機応変な対応ができるように心がけます。

IV．保護者間の意見が異なり，調整が必要な面接

　保護者面接で難しいのは，両親の意見が異なるケースです。二人が同じ方向を向いていてくれれば面接者としては進めやすいのですが，実際にはそうではないケースも数多くあります。実はそれ（両親の意見が異なるこ

と）が面接の主訴となることも少なくありません。しかし，まずそこを調整しないと子どもへの対応について話し合うことはとても困難です。

　たとえば不登校のケースの母親との面接で，母親は子どもに面接を受けさせたいと望んでいても，父親がその必要はないと思っている場合があります。母親との面接において「父親の理解がない」と母親が訴えるケースは，面接者としてはとても戸惑います。ここで大切なのは，面接者が母と一緒になって父親を非難しないということです。2 対 1 という構図になると，父親の理解を得ることはますます難しくなります。父親と母親ができる限り同じ意見になるように調整していくことが，面接者の役割なのです。

　父親がなぜ面接の必要性を感じていないのかを知ることが調整の第一歩になります。その理由がはっきりしない場合，理由を母親から父親にきいてもらうことになると思います。そのときに母親が「なぜ必要性を感じていないの？」という問いかけをすると，「なぜ」ということばに対して父親は責められていると感じる可能性があります。すると，父親の考えがより一層強固なものになるかもしれません。「面接の必要性を感じない気持ちをわかりたい（知りたい）ので，教えてほしい」ときくのであれば，父親の抵抗を和らげることができます。父親の気持ちをいかにききだすのかについては，慎重な対応が求められます。また，問いかけやすいタイミングなども見計らっていけるとよいでしょう。ここでも，ワンダウン・ポジションを活用します。母親が父親よりも低い姿勢で臨み，声をかける方法をこちらから提案します。母親が一歩下がり，父親から教えてもらうというアプローチが効果的です。父親の自尊心を守った表現を心がけるということです。

　カウンセリングに対するイメージが，必要性を感じさせないことにつながるケースもあります。「カウンセリングって，ただ話を聴くだけではないか。それで，本当に不登校が改善されるのか？」という意見をもつ方もいます。母親を通してそのような父親の意見を聴くことができれば，そこにチャンスが生まれます。なぜかというと，説得点を見いだすことができるからです。カウンセリングに対する先入観が必要性のなさにつながっているのであれば，そこに焦点をあてて父親に話をしていけばよいのです。カ

ウンセリングは，話を聴くだけではなく，問題を改善していくためのさまざまな方法を一緒に考えていく場です。そこをまず理解してもらうという方向性が見えてきます。

　次の段階は両親との面接です。時間調整は難しいと思いますが，できるだけ一緒に来られる日程を調整します。面接者がぜひ会って話したいと思っているメッセージを，母親を通して伝えてもらいます。多少の時間がかかっても構いません。無理のないスケジュールを組むことが大切です。強行な日程調整は保護者に負担がかかります。面接に来ることがストレスになってしまうのでは本末転倒です。それは決してよい展開にはなりません。

　両親との面接においては，父親の考えを否定せずにまずはじっくりと耳を傾けます。ここでは面接者が傾聴に徹します。父親がカウンセリングに対して抱いている印象，子どもの現状について思うこと，父親が子どもに望むことなどさまざまな話があるはずです。また，父親が子どもとの関わりについて工夫されていることがあれば，その実践をうかがいます。その中でうまくいった点があれば，面接者はポジティブな感想を具体的なことばで伝えます。それが"称賛"として父親の心に入っていくでしょう。父親の工夫についてプラスの意味づけをするということです。それを通して，その場の雰囲気がほぐれる効果も期待できます。

　そのうえで，さらに父親が子どもに「こうあってほしい」と求めるものがあれば，どのようにすればそれが達成できるのかを母親をまじえて話し合います。両親の意見に共通点を見いだせたら，今度は面接者がそれに対してお手伝いできることを具体的に提案します。このようなステップを一歩ずつ踏むことができたら，時間はかかるとしても徐々に両親が同じ方向を向く可能性が生まれます。

　そうはいっても，実際には思うように進まないケースも多々あります。そのときに面接者が焦りや苛立ちを感じることもあります。しかし，面接者が保護者の意見を変えることはできません。できることは，保護者が意見を変えるためのきっかけづくりです。そこを頭におかないと，面接者主導になってしまいます。それは「自発意思で動きたい」という人間の心理に逆らう結果となります。面接の主役は保護者であり，面接者はあくまで

も黒子です。

<この節のまとめ>
保護者間の意見が異なる場合，面接者はどちらか一方の味方になるので
はなく，双方の意見に耳を傾けます。その中で，共通点を見いだす努力
を重ねます。

Ⅴ．クレームやトラブルへの対応

　難しいケースの代表として挙げられるのが，クレームやトラブルが起こ
ったときの対応です。面接者には大きな負担がかかります。緊張感もあり，
ストレスも強く感じることでしょう。このような対応は，ないに越したこ
とはありません。しかし，残念ながらなかなかゼロにはできないものです。
　実際にクレームやトラブルが発生したときに，当の教職員と保護者のみ
では解決が難しいと思われるケースがあります。そのようなときに，複数
の面接者で対応するのもひとつの方法です。第三者の位置づけとなる教職
員が入ることで，保護者と必要な関わりを行っていけるとよいでしょう。
　複数で対応するメリットとしては，以下の点を保護者が感じられること
でしょう。

・学校として，この話を重要視してもらえた。学校側の誠意が伝わって
　きた。
・校内で報告・相談体制が整っている。話が隠蔽されていない。

半面，下記のデメリットも考えられます。

・多勢に無勢。数で圧倒してくると保護者に感じさせてしまう。

　つまり，保護者に警戒心を抱かせてしまう可能性があるということです。面接に対して保護者が不安になるかもしれません。そこで，そのような保護者のネガティブな気持ちへの対応が必要となります。なぜこれだけの人数が面接に参加しているのかを保護者に理解していただきます。「きちんと話を聴き，適切に対応したい」という面接者側の気持ちを誠実に話していくことに尽きると私は思っています。

　面接の冒頭で場面設定（なぜ面接者が複数なのか）について伝えると，それがスムーズな話の展開に結びつきます。保護者が安心して話せる環境を作ることが面接者の大切な役割です。多くの場合，面接の流れにおいては，当の教職員がメインの面接者となって保護者とやりとりをしていくことになります。あらかじめ，面接者同士で役割分担をしておくと，面接中の混乱を防ぐことができるでしょう。複数の面接者が同時に発言するだけでも，保護者にとっては圧迫につながりかねません。面接者が複数であっても，保護者とのやりとりは基本的に一対一であることを心得ておく必要があります。

　まずそのときの面接で話し合うべき具体的な事実を確認し，出席者全員で共有します。そして，保護者の意向を聴いたうえで，どのような対応が可能であるかを面接者が提案し，検討します。具体的な方向性が見いだせたら，それをもとにして面接のまとめに入ります。最後にその日の面接の結論部分を再度確認することも必要です。

　複数の面接者がその場にいるだけで，保護者は精神的な負担を感じます。就職面接で複数の面接官を前に受け答えする場面をイメージしてみると，どれだけエネルギーを消費するものであるのかはわかるはずです。それと同じようなことがここでもいえるのです。保護者の立場になって考えるということはとても大切です。その意識を忘れないようにしたいものです。そして，面接の最後にお礼とねぎらいのことばをかけることにより，保護者の気持ちが救われるでしょう。

　私が学校に勤務していて，時々気になることがあります。それは，クラスの問題を担任の先生がひとりで抱え込み，何とかしなければと苦心されている場面です。責任感の強さがそのようにさせていることも，もちろん

理解できます。しかし，相当つらくなってから周りの先生にサポートを求めたときには，事態が深刻化していて解決が難しくなっていることもあります。

　近年は「チーム学校」ということばもよく耳にします。学校全体でさまざまな問題に取り組んでいくのは，とてもすばらしい動きです。「ちょっと大変かも……」という予感がしたときに，早い段階で周囲（SC も含む）と問題を分かち合うことも大切ではないかと感じています。

〈この節のまとめ〉
面接者が複数の場合，役割分担をしたうえで保護者に警戒心を抱かせないように配慮します。面接者が複数でも，保護者とのやりとりは一対一が基本です。

Ⅵ. 被害者意識の強い保護者

　前の節に関連することなのですが，保護者が子どもの話を鵜呑みにして学校に話を持ち込んでくるケースが時々あります。たとえば「うちの子が○○さんに筆箱をこわされた」という話などは典型的なものといえるでしょう。ところが，実際には子どもの自作自演の話だったということが私の経験にもありました。

　保護者が子どもの話を信じたい，子どもを守りたいという気持ちを抱くのは自然なことです。それが高じると被害者意識が強くなり，「相手が悪い。うちの子は被害者だ」という話になってしまいます。このようなケースでは，面接者が一度はその気持ちを受けとめることが大切です。被害者意識の強さを感じたとしても，それを否定しないように心がけて保護者に接します。

　具体的な対応方法としては，①保護者の話を 5 W1H に当てはめて丁寧に聴きとる，②保護者と本人（子ども）がどのような対応を望むのかを聴

く，まずはここから始めます。そのときに，面接者が質問したいことがあれば保護者に確認しておきます。

　そのうえで，とても大切な話なのできちんと対応したいという面接者の姿勢を示します。そして「相手方にもこの話を伝えて，念のために事実確認をさせていただきたい」と伝えます。そのときに保護者からは「どうしてですか？　私の話を信じてもらえないのですか？」という反応が返ってくるかもしれません。そのような場合は，決してそうではないことを保護者にわかってもらいます。「（おそらくないとは思うけれども）万一事実と異なることがあると本人が嫌な思いをするかもしれないので，それを防ぎたい」と，あくまで話をしてくれた保護者と本人の立場を守るというスタンスで接するようにします。

　事実確認した結果，話がその通りであれば相手方に謝罪などを求めることができるでしょう。しかし，そうでなかった場合には別の対応をしなければなりません。その際は，最初に聴いた話と異なる部分があったことを伝え，保護者に相談を持ちかけるような雰囲気で「このことをどんなふうに考えたらいいでしょうね」と投げかけます。「もしかしたら，うちの子の勘違いかもしれませんね」という反応であれば，保護者から再度本人にきいてもらえばよいのです。

　難しいのは「うちの子が正しい」と保護者から主張された場合です。その際は当人（子ども）同士の話し合いをさせてほしい旨，保護者に伝えます。保護者から「その場に同席したい」と言われる可能性があります。しかし，子ども自身の問題解決能力を養うためにも話し合いは当人同士で行いたいことを理解してもらいます。万全を期すためにも，話し合いは複数の先生の立会いのもとで行えるとよいでしょう。その結果は，できる限りその日のうちに双方の保護者に報告します。

　被害者意識の強さには，さまざまな理由が存在します。そこに目を向けることも保護者を理解する手がかりになります。被害者意識をもつ背景に精神疾患が疑われるケースもあります。そのような場合は，医療機関につながってもらうことが必要になるでしょう。また，保護者の中には学校に対する不信感を抱いているという人もいます。私が担当したケースの中に

も，自分自身が子どものころに学校で嫌な思いをしたので学校によいイメージをもっていないという保護者がいました。過去の悲しみやつらさが，現在も保護者の心の中に存在しているのです。それだけに子どもを守りたくなるのでしょう。そのような話が出てきたときには，面接者はじっくりと耳を傾けます。保護者を理解することがよい関係を作るきっかけにもなります。こちらが誠実に対応することを約束して実行すれば，それが面接者への信頼にもつながります。

〈この節のまとめ〉
被害者意識の強い保護者の場合，まずは丁寧に話を聴き，事実確認をしたうえで対応します。また，被害者意識を抱く背景に目を向けることが保護者を理解する手がかりにもなります。

コラム⑧　変わらずに存在することの意義

　通勤途中に，私は周りの景色を眺めることがよくあります。ある家では猫を飼っています。丸々と太った茶トラの猫で，いつも窓辺で寝ころんで気持ちよさそうに眠っています。その姿を見ると，それだけで癒される気持ちになります。毎日，それを眺めるのを楽しみにしていました。ところが，今年に入ってからその猫が全く姿を見せなくなりました。１日２日ならともかく，３週間も続いているので，「どうしたのだろう」と気にしながら，私はその家の前を通りかかっています。

　いつも見かける風景は，いつまでも変わらないでいてほしいと願うことがあります。何年も訪れていなかった思い出のある場所に足を運ぶとき，果たしてどうなっているのかと内心ドキドキします。かつて，私はそのような経験をしました。以前勤めていた町に十数年ぶりに訪れる機会がありました。懐かしさにひたれる期待を抱きながら駅を降りたものの，残念ながら町の様子は以前とはすっかり変わっていたのです。よく利用していた書店にはシャッターがおりていて，閉店のお知らせが貼ってありました。商店街はほとんど見たことがないお店ばかりです。こんなにも入れ替ってしまったのかという驚きとともに，思い出が薄れていくような心境でした。そして，あらためて年月の重みを感じました。私にとって，ここはすでに懐かしい場所ではないのだと思います。寂しくても，それが現実というものなのでしょう。

　学校の相談室に勤務している日に，かつて相談に来ていた卒業生や保護者の方々と顔を合わせることがあります。相談室の中に貼ってあるポスター，玩具など，変わらずに存在しているものが目に入ると，とても懐かしいようです。そのような姿を目にするたびに，

古びたものなども処分せず，そのままにしておいたほうがいいのか
なと，ふと思います。帰り際に「ずっといてくださいね」と言って
いただけることがあります。それは，とてもうれしいことです。通
勤途中で見かけていた猫のように，ホッとできるような存在になり
たいものです。

あとがき

　保護者面接について，さまざまな視点から述べてきました。「効果的な保護者面接を行うのは大変な努力が必要である」というのが私の結論です。理論を頭で理解したのは「知っている」という段階です。それを実践して身につけたときに，初めて「わかった」といえるのでしょう。たやすく「わかった」というのは危険だと思います。そのように考えると，私はまだまだわかっていないことが山ほどあります。今回このような形で書いてみて，あらためて気づきました。

　人間には誰しも感情があります。いつも心穏やかでいられるとは限りません。保護者面接で理不尽なことを言われたり，無理な要求を出されたときに，どうしても保護者に怒りの感情がわき起こってしまうこともあるでしょう。それは無理のないことです。私にもそういうことはあります。そのときに大切なのは自分を責めないことです。感情に「間違っている」ということはありません。ネガティブな感情を抱いたとしても，それは「正しい」のです。それだけ困難な面接を行っていることに，先生方はぜひ誇りをもっていただきたいと思います。

　また，誰が担当しても難しいケースというものがあります。困難な事態に巻き込まれてしまったときに「自分がわるいのだろうか？」と思ってしまうことがあります。そのようなときは，信頼できる第三者に気持ちを話し，分かち合うだけでも心が救われます。それは，カタルシスという浄化作用です。そして，客観的な意見を求めていただけたらと思います。その一人として，SC が学校に存在しています。話す相手としてどうぞご活用ください。

　私は幼いころに対人関係でつまずき，あがり症で悩んだ経験があったからこそ，よりよいコミュニケーションを意識するようになりました。生きていく中で，無駄なことは何ひとつありません。私はこのような道を歩ん

でいることをありがたく思います。そして，ひとつでも多く「わかった」といえることを増やしていく努力を続けるつもりです。

　本書は，私にとって初めての単著です。拙い点も数多くあったことと思います。今回まとめたものを土台として，さらに実践を積み重ねていきたいと考えています。最後までお読みくださり，本当にありがとうございました。心から感謝申し上げます。

引用・参考文献

S. I. ハヤカワ（1985）思考と行動における言語．岩波書店．

飯島孟（1993）部下を動かすほめ方・叱り方　平成リーダーの話力入門．中央経済
　　社．

國分康孝（1979）カウンセリングの技法．誠信書房．

國分康孝（1983）カウンセリング教授法．誠信書房．

國分康孝（1987）学校カウンセリングの基本問題．誠信書房．

國分康孝編（1990）カウンセリング辞典．誠信書房．

小山文彦（2019）精神科医の話の聴き方 10 のセオリー．創元社．

水島恵一（1969）カウンセリング入門．大日本図書．

永崎一則（1977）話力で自分を大きく伸ばす．実務教育出版．

永崎一則（1978）話力講座テキスト　第一講座〜第六講座．話力総合研究所．

永崎一則（1992）話力における表現力・聴解力の研究．小林出版．

永崎一則（1996）効果的な話し方．経営書院．

佐治守夫（1966）カウンセリング入門．国土新書．

佐治守夫・飯長喜一郎編（1983）ロジャーズ　クライエント中心療法．有斐閣新書．

天前輝正（1996）話しベタはこわくない．PHP．

氏原寛・東山紘久・岡田康伸編（1993）心理面接のノウハウ．誠信書房．

著者略歴

田村　聡（たむら・さとる）

一般社団法人話力総合研究所理事

公認心理師，臨床心理士

日本産業カウンセラー協会シニア産業カウンセラー

日本カウンセリング学会認定カウンセラー

1963 年，東京都出身。地方公務員として 10 年間勤務した後，カウンセラーに転職する。

現在の仕事は，公立青少年相談センターにおける教育相談，小・中学校相談室のカウンセラー，大学での学生相談など。

また，1986 年から話力（話す力・聴く力）の研究に入り，1993 年に話力総合研究所所員となる。

現在は話力普及のための講義，講演，実習指導も行っている。

著書：『ちょっといい話の素』（共著，PHP 研究所）

ブックレット：子どもの心と学校臨床（3）

教師・SCのための 学校で役立つ保護者面接のコツ
——「話力」をいかした指導・相談・カウンセリング

2020 年 8 月 7 日　初版発行

著　者　田村　聡

発行人　山内俊介

発行所　遠見書房

〒 181-0002　東京都三鷹市牟礼 6-24-12
三鷹ナショナルコート 004 号
TEL 0422-26-6711　FAX 050-3488-3894
tomi@tomishobo.com　http://tomishobo.com
郵便振替　00120-4-585728

ISBN978-4-86616-109-9　C3011

※心と社会の学術出版　遠見書房の本※

遠見書房

事例で学ぶ生徒指導・進路指導・教育相談
小学校編［改訂版］
　長谷川啓三・花田里欧子・佐藤宏平編
学校教員にとって授業や学級経営とともに重要な「生徒指導」「進路指導」「教育相談」の基本と実践をまとめた1冊。必須の心理学的な知識が満載し，新たに改訂。2,800円，B5並

事例で学ぶ生徒指導・進路指導・教育相談
中学校・高等学校編［第3版］
　長谷川啓三・佐藤宏平・花田里欧子編
思春期特有の心理的課題への幅広い知識や現代社会における家庭の状況等の概観，解決にいたったさまざまな事例検討など，生きた知恵を詰めた必読の1冊が新たに3訂。2,800円，B5並

学校コンサルテーションのすすめ方
アドラー心理学にもとづく子ども・親・教職員のための支援
　ディンクマイヤーほか著・浅井／箕口訳
米国学校心理学と個人心理学をリードする著者らによる学校コンサルの実践入門の1冊。チーム学校に有効なテクと知見をわかりやすく解説。3,000円，A5並

イライラに困っている子どものための
アンガーマネジメント　スタートブック
教師・SCが活用する「怒り」のコントロール術
　佐藤恵子著
イライラが多い子は問題を起こすたびに叱責をされ，自尊心を失う負のスパイラルに陥りがち。本書は精力的に活動をする著者による1冊。2,000円，A5並

公認心理師の基礎と実践　全23巻
　野島一彦・繁桝算男　監修
公認心理師養成カリキュラム23単位のコンセプトを醸成したテキスト・シリーズ。本邦心理学界の最高の研究者・実践家が執筆。①公認心理師の職責～㉓関係行政論 まで心理職に必須の知識が身に着く。各2,000円～2,800円，A5並

発達障害のある子どもの
性・人間関係の成長と支援
関係をつくる・きづく・つなぐ
　　　　　　　（岐阜大学）川上ちひろ著
ブックレット：子どもの心と学校臨床（2）友人や恋愛にまつわる悩みや課題。多くの当事者と周辺者の面接をもとに解き明かした1冊です。1,600円，A5並

教員のための研究のすすめ方ガイドブック
「研究って何？」から学会発表・論文執筆・学位取得まで
　瀧澤　聡・酒井　均・柘植雅義編著
実践を深めたい，授業研究を広めたい。そんな教育関係者のために作られたのがこのガイド。小規模研究会での発表から学会での発表，論文執筆，学位取得までをコンパクトに紹介。1,400円，A5並

場面緘黙の子どものアセスメントと支援
心理師・教師・保護者のためのガイドブック
　エイミー・コトルバ著／丹　明彦監訳
学校や専門家，保護者たちのための場面緘黙を確実に治療できる方法はもちろん，支援の場で実際に利用できるツールも掲載。全米で活躍する著者による緘黙支援ガイドブック！2,800円，A5並

クラスで使える！　　　（CD-ROMつき）
アサーション授業プログラム
『自分にも相手にもやさしくなれるコミュニケーション力を高めよう』
　竹田伸也・松尾理沙・大塚美菜子著
プレゼンソフト対応の付録CD-ROMと簡単手引きでだれでもアサーション・トレーニングが出来る！2,600円，A5並

N：ナラティヴとケア
ナラティヴをキーワードに人と人とのかかわりと臨床と研究を考える雑誌。第11号：心の科学とナラティヴ・プラクティス（野村晴夫編）年1刊行，1,800円

価格は税抜です